Herausgeber: Polyglott-Redaktion
Bearbeitung: Elisabeth Graf-Riemann
Deutsches Grundmanuskript: Elisabeth Graf-Riemann
Lektorat: Sabine von Loeffelholz
Art Direction: Illustration & Graphik Forster GmbH, Hamburg
Titeldesign-Konzept: V. Barl

Ergänzende Anregungen, für die wir jederzeit dankbar sind, bitten wir zu richten an:
Polyglott-Verlag, Redaktion, Postfach 40 11 20, D-80711 München.

Alle Angaben wurden sorgfältig geprüft. Dennoch kann eine Gewähr für Vollständigkeit und Richtigkeit nicht übernommen werden.

Erste Auflage 1996

Printed in Germany
Gedruckt auf chlorfrei gebleichtem Papier
ISBN 3-493-61154-4

Polyglott-Sprachführer

Spanisch

Polyglott-Verlag München

Inhalt

Einführung

Über das Buch

Polyglott-Sprachführer sind perfekte Begleiter neben dem Reiseführer, denn sie orientieren sich an realistischen, alltäglichen Situationen von Reisenden, die der fremden Sprache nicht kundig sind.

Die Sätze und Redewendungen, die Ihnen eine rasche und unproblematische Verständigung in Ihrem Reiseland ermöglichen, sind bewußt einfach gehalten. Sie finden keine komplizierten Satzkonstruktionen oder zu lange Wortlisten. Fast alle Sätze sind aus einfachen Textbausteinen zusammengestellt, die Ihnen ein leichtes und schnelles Auswechseln von Satzteilen in verschiedenen Gesprächssituationen ermöglichen.

Die Wortlisten am Ende jedes Hauptkapitels sind themenbezogen und helfen Ihnen, Sätze je nach Bedarf weiter zu variieren. So werden Sie sich mit einem minimalen Wortschatz ohne langes Suchen schnell in der fremden Sprache zurechtfinden. Damit Sie auch verstehen, was andere Ihnen in alltäglichen Kontaktsituationen (beim Arzt, an der Grenze etc.) mitteilen, haben wir häufig wiederkehrende fremdsprachige Redewendungen oder Fragen mit einem * gekennzeichnet.

Eine vereinfachte, am Deutschen orientierte Lautschrift ermöglicht Ihnen die korrekte und verständliche Aussprache der Sprache Ihres Gastlandes. Nachfolgend finden Sie eine kurze Erläuterung dazu, ebenso eine kurze Grammatikübersicht.

Daran anschließend sind in neun Hauptkapiteln Satzbeispiele aus allgemeinen und reisetypischen Bereichen zusammengestellt. Nicht nur im Kapitel *Praktische Hinweise*, sondern über alle Seiten des Sprachführers verteilt finden Sie außerdem Tips und Informationen zu den sprachlichen und kulturellen Besonderheiten Ihres Reiselandes.

Ein ausführliches zweisprachiges Wörterbuch Deutsch–Spanisch, das Sie als Reisewörterbuch und zugleich als Register benutzen können, steht am Ende des Bandes. Die angegebenen Seitenzahlen führen Sie direkt in den entsprechenden Textteil. Das Wörterbuch Spanisch–Deutsch enthält die wichtigsten Wörter und Abkürzungen, denen Sie in Aufschriften, auf Schildern und Hinweistafeln begegnen.

Wir wünschen Ihnen viel Vergnügen auf Ihrer Reise: ¡Buen viaje! [bu**en** bj**a**che] *(Gute Reise!)*

Aussprache

Um Ihnen eine möglichst korrekte und damit auch verständliche Aussprache des Spanischen zu ermöglichen, haben wir uns für eine sehr vereinfachte Lautschrift entschieden, die fast ohne Sonderzeichen auskommt. Die Betonung der Wörter können Sie sofort am Fettdruck der entsprechenden Silbe erkennen: momento [mo**men**to] *(Moment)*, mesa [**me**ßa] *(Tisch)*.

Im Spanischen gibt es eigentlich nur einen Laut, den man im Deutschen nicht, dafür aber vom Englischen her kennt. Es ist der stimmlose Lispellaut **th**, wie er z. B. im englischen Wort thank you (ein gelispeltes ß) vorkommt. Im Spanischen ist dieser Laut ein geschriebenes z (vor a, o oder u) oder ein c, wenn e oder i nachfolgen: gracias [**gra**θias] *(danke)* oder zapato [θa**pa**to] *(Schuh)*. Das lateinamerikanische Spanisch, auf das in diesem Band jedoch nicht näher eingegangen wird, kennt diesen Laut nicht, er wird durch ein einfaches s ersetzt (gesprochenes s kann also geschrieben ein einfaches s, c oder z sein). Alle übrigen Laute werden analog zum Deutschen ausgesprochen.

Hier noch einige Besonderheiten der spanischen Aussprache:

- **b** und **v** werden im Spanischen gleich ausgesprochen, und zwar wie das deutsche b am Wortanfang und wie das deutsche w in der Wortmitte: bueno [**bue**no] *(gut)*, vale [**ba**le] *(in Ordnung)*; avión [aw**jon**] *(Flugzeug)*, abierto [a**wjer**to] *(geöffnet)*.
- **c** wird vor a, o, u als k gesprochen: cama [**ka**ma] *(Bett)*, vor e, i als englisches th: cinco [**θin**ko] *(fünf)*.
- **ch** wird immer wie tsch gesprochen: muchacho [mu**tscha**tscho] *(Junge)*.
- ein **d** am Ende eines Wortes wird praktisch nicht gesprochen: Madrid [ma**dri**] *(Madrid)*.
- der Umlaut **eu** wird getrennt gesprochen: Europa [äu**ro**pa] *(Europa)*.
- **g** wird vor a, o, u wie das deutsche g gesprochen: gol [**gol**] *(Tor)*, vor e, i wie deutsches ch: gente [**chen**te] *(Leute)*.
- das **h** ist immer stumm: hotel [o**tel**] *(Hotel)*.
- **j** wird wie ein deutsches ch in dem Wort ach gesprochen: jarra [**cha**rra] *(Krug)*.
- **ll** ist im Spanischen ein eigener Buchstabe und kann auch am Wortanfang stehen. Es wird wie ein deutsches lj gesprochen: llegar [lje**gar**] *(ankommen)*, gallo [**gal**jo] *(Hahn)*.
- **ñ** ist ebenfalls ein eigener Buchstabe und wird wie nj gesprochen: España [es**pan**ja] *(Spanien)*.
- **qu** wird wie k gesprochen: queso [**ke**ßo] *(Käse)*.
- das **r** ist ein meist stark gerolltes Zungen-r: roto [**ro**to] *(kaputt)*.
- das **s** klingt meistens wie ein deutsches ß oder ss: casa [**ka**ßa] *(Haus)*.
- **z** wird immer wie das englische stimmlose th gesprochen: zumo [**θu**mo] *(Saft)*.
- **θ** ist das englische stimmlose th (gelispeltes ß).
- Der **Haltebogen** in der Lautschrift zeigt an, welche Wörter gebunden gesprochen werden: por aquí [por‿a**ki**] *(hier in der Nähe)*.

Akzent

Der Akzent verändert im Spanischen nicht die Aussprache eines Vokals, sondern zeigt nur eine von der Regel abweichende Betonung an. Der Vokal mit Akzent ist immer betont: música [**mu**ßika] *(Musik)*.

Betonung

In der Regel werden Wörter, die auf Vokal, n oder s enden, auf der vorletzten Silbe betont: banco [**ban**ko] *(Bank)*, todos [**to**dos] *(alle)*.

Wörter, die auf Konsonanten (außer n und s) enden, werden auf der letzten Silbe betont: profesor [profe**ßor**] *(Lehrer)*, Madrid [ma**dri**] *(Madrid)*.

Satzzeichen

Eine Besonderheit des Spanischen sind die umgekehrten Frage- und Ausrufezeichen, die jeweils eine Frage oder einen Ausruf einleiten: ¿Dónde? [**don**de] *(Wo?)*; ¡Olé! [o**le**] *(Bravo!)*

Das spanische Alphabet

A a	[a]	N n	[ene]
B b	[be]	Ñ ñ	[**en**je]
C c	[θe]	O o	[o]
Ch ch	[tsche]	P p	[pe]
D d	[de]	Q q	[ku]
E e	[e]	R r	[ere]
F f	[efe]	S s	[eße]
G g	[che]	T t	[te]
H h	[atsche]	U u	[u]
I i	[i]	V v	[uwe]
J j	[**cho**ta]	W w	[uwe **do**wle]
K k	[ka]	X x	[ekis]
L l	[ele]	Y y	[i **grje**ga]
Ll ll	[**el**je]	Z z	[**θe**ta]
M m	[eme]		

Kurzgrammatik

kG

Artikel

Im Spanischen gibt es nur männliche *(m)* und weibliche *(f)* Hauptwörter, kein Neutrum.

Bestimmter Artikel

Einzahl männlich:
el coche [el **ko**tsche] *(das Auto)*

Mehrzahl männlich:
los coches [los **ko**tsches] *(die Autos)*

Einzahl weiblich:
la cama [la **ka**ma] *(das Bett)*

Mehrzahl weiblich:
las camas [las **ka**mas] *(die Betten)*

Unbestimmter Artikel

Einzahl männlich:
un coche [un **ko**tsche] *(ein Auto)*

Mehrzahl männlich:
unos coches [**u**nos **ko**tsches] *(einige Autos)*

Einzahl weiblich:
una cama [**u**na **ka**ma] *(ein Bett)*

Mehrzahl weiblich:
unas camas [**u**nas **ka**mas] *(einige Betten)*

Unos/Unas heißt einige. Betten heißt camas und steht wie im Deutschen ohne Artikel.

Substantive

Das Geschlecht der Substantive im Spanischen ist in den allermeisten Fällen an der Endung ablesbar: männliche Substantive enden zumeist auf **-o:** el metro [el **me**tro] *(die U-Bahn)*, weibliche auf **-a:** la mañana [la ma**nja**na] *(der Morgen)*.

Von dieser Regel gibt es ein paar **Ausnahmen,** z. B.: el día [el **di**a] *(der Tag)*; la radio [la **ra**dio] *(das Radio)*.

Substantive mit der Endung auf **-e** können männlich oder weiblich sein: el hombre [el‿**om**bre] *(der Mensch, der Mann)*; la noche [la **no**tsche] *(die Nacht/der Abend)*.

Substantive, die auf **-or** enden, sind männlich: el profesor [el profe**ßor**] *(der Lehrer)*.

Hauptwörter, die auf **-ción** oder **-ad** enden, sind weiblich: la reducción [la reduk**θjon**] *(die Ermäßigung)*; la mitad [la mi**ta**] *(die Hälfte)*.

Das Anhängen eines **-a** oder der Ersatz eines -o durch ein **-a** in der Endung ergibt oft die weibliche Form eines Hauptwortes: el amigo [el a**mi**go]/ la amiga [la‿a**mi**ga] *(der Freund/die Freundin)*.

Mehrzahlbildung

Substantive, die auf Vokale enden, bilden den Plural durch Anhängen von **-s:** el año [el **an**jo]/los años [los **an**jos] *(das Jahr/die Jahre)*; la calle [la **kal**je]/ las calles [las **kal**jes] *(die Straße/die Straßen)*.

Hauptwörter, die auf Konsonanten enden, hängen im Plural **-es** an: el doctor [el dok**tor**] – los doctores [los dok**to**res] *(der Arzt/die Ärzte)*; la pensión [la pen**sjon**] – las pensiones [las pen**sjo**nes] *(die Pension/die Pensionen)*.

Adjektive

Die meisten Adjektive im Spanischen enden wie die Hauptwörter auf **-o** und bilden eine weibliche Form dazu auf **-a** (Plural: **-os**/**-as**), z. B. bueno/buena [**bue**no/**bue**na] *(gut)*, caro/cara [**ka**ro/ **ka**ra] *(teuer)*.

Das Adjektiv wird in Geschlecht und Zahl immer an das Hauptwort angeglichen, auch wenn es nicht unmittelbar beim Hauptwort steht: una comida buena [una komida buena] *(ein gutes Essen)*; La comida es buena. [la komida es buena] *(Das Essen ist gut.)*

Adjektive, die nicht auf -o enden, sondern auf **-e**, **-l**, **-z** etc., bilden meist auch keine eigene weibliche Form: grande [**gran**de] *(groß)*; azul [a**θul**] *(blau)*; feliz [fe**liθ**] *(glücklich)*.

Adjektive, die eine Nationalität bezeichnen, bilden immer eine weibliche Form: alemán [ale**man**] – alemana [ale**ma**na] *(deutsch – deutsche)*; español [espa**njol**] – española [espa**njo**la] *(spanisch – spanische)*.

Stellung des Adjektivs

Normalerweise steht das Eigenschaftswort nach dem Hauptwort: la casa grande [la **ka**ßa **gran**de] *(das große Haus)*.

Bei Zahlwörtern (viel, wenig) oder bei besonderer Hervorhebung kann es auch vor dem Hauptwort stehen: muchos coches [**mu**tschos **ko**tsches] *(viele Autos)*.

Steigerung des Adjektivs

Adjektive werden durch Voranstellen von más (mehr) gesteigert: caro [**ka**ro] *(teuer)* – más caro [mas **ka**ro] *(teurer)*. Im Superlativ kommt der bestimmte Artikel dazu: el más caro [el mas **ka**ro] *(der teuerste)*. Vergleiche werden mit que gebildet: más caro que [mas **ka**ro ke] *(teurer als)*.

Unregelmäßig werden gesteigert: bueno [**bue**no] *(gut)*, mejor [me**chor**] *(besser)*; malo [**ma**lo] *(schlecht)*, peor [pe**or**] *(schlechter)*; grande [**gran**de] *(groß)*, mayor [ma**jor**] *(größer)*; pequeño [pe**ke**njo] *(klein)*, menor [me**nor**] *(kleiner)*.

Adverbien

Das Adverb wird aus der weiblichen Form des Adjektivs durch Anhängen von **-mente** gebildet: claro [**kla**ro] – claramente [klara**men**te] *(klar)*.

Unregelmäßige Adverben sind: bien [bjen] *(gut)* und mal [mal] *(schlecht)*: Está bien. [**es**ta bjen] *(Es ist gut/in Ordnung.)*; Estoy mal. [**es**toi mal] *(Mir geht's schlecht.)*

Pronomen

Subjektpronomen

yo [jo] ich
tú [tu] du
él [el] er; ella [**e**lja] sie; usted [us**te**] Sie *(Sing)*
nosotros/nosotras [noß**o**tros/noß**o**tras] wir
vosotros/vosotras [boß**o**tros/boß**o**tras] ihr
ellos [**e**ljos] sie *(m)*; ellas [**e**ljas] sie *(f)*; ustedes [us**te**des] Sie *(Pl)*

Objektpronomen (Dativ/Akkusativ)

me [me] *(mir, mich)*
te [te] *(dir, dich)*
le [le] *(ihm, ihr, Ihnen = Dativ)*
lo/la [lo/la] *(ihn, sie, Sie = Akkusativ)*
nos [nos] *(uns)*
os [os] *(euch)*
les [les] *(ihnen, Ihnen = Dativ)*
los/las [los/las] *(sie, Sie = Akkusativ)*

Possessivpronomen

mi [mi] *(mein/meine)*
tu [tu] *(dein/deine)*
su [su] *(sein/seine, ihr/ihre, Ihr/Ihre)*
nuestro/nuestra [**nue**stro/**nue**stra] *(unser/unsere)*
vuestro/vuestra [**bue**stro/**bue**stra] *(euer/eure)*
su [su] *(ihr/Ihr, ihre/Ihre)*

Der Plural wird in allen Formen durch Anhängen eines **-s** gebildet: mis cheques [mis **tsche**kes] *(meine Schecks)*.

Demonstrativpronomen

Einzahl: este [**e**ste] *(dieser)* – esta [**e**sta] diese; este garaje [**e**ste ga**ra**che] *(diese Garage)*

Mehrzahl: estos/estas [**e**stos/**e**stas] *(diese)*

Einzahl:
ese [eße] *(der da)* – esa [eßa] *(die da)*

Mehrzahl:
esos/esas [eßos/eßas] *(die da)*

Einzahl: aquel [a**kel**] *(jener)* – aquella [a**ke**lja] *(jene)*

Mehrzahl: aquellos/aquellas [a**ke**ljos/a**ke**ljas] *(jene)*

Dazu gibt es Formen, die ohne Hauptwort stehen können: esto [**e**sto] *(dies hier)* – eso [eßo] *(das da)* – aquello [a**ke**ljo] *(jenes)*; ¿Qué es esto? [ke‿es **e**sto] *(Was ist das?)*

Präpositionen

en [en] *(in, an, auf)*
a [a] *(nach, zu)*
de [de] *(von)*
para [**pa**ra] *(für)*
por [por] *(für, pro)*
con [kon] *(mit)*
sin [sin] *(ohne)*
entre [**e**ntre] *(zwischen)*

Die Präpositionen a und de verschmelzen mit dem männlichen Artikel el zu al bzw. del: Vamos al restaurante. [**ba**mos al restau**ran**te] *(Wir gehen ins Restaurant.)*; Vengo del hotel. [**ben**go del‿o**tel**] *(Ich komme vom Hotel.)*

Folgt nach der Präposition ein persönliches Fürwort so steht anstelle von me und te mí bzw. ti: para mí [**pa**ra mi] *(für mich)*; de ti *(von dir)*.

Die Präposition con bildet die Sonderformen conmigo [kon**mi**go] *(mit mir)* und contigo [kon**ti**go] *(mit dir)*.

Verben

Im Spanischen gibt es drei Gruppen von regelmäßigen Verben. Sie enden auf -**ar**, -**er** oder -**ir**. In der Regel werden die Pronomen weggelassen, da die Person aus der Endung des Verbs hervorgeht.

Präsens

hablar [aw**lar**] *(sprechen):*
hablo [**aw**lo] *(ich spreche)*
hablas [**aw**las] *(du sprichst)*
habla [**aw**la] *(er/sie spricht, Sie [Sing]) sprechen)*

hablamos [a**wla**mos] *(wir sprechen)*
habláis [**awlais**] *(ihr sprecht)*
hablan [**aw**lan] *(sie/Sie [Pl] sprechen)*

comer [ko**mer**] *(essen):*
como [**ko**mo] *(ich esse)*
comes [**ko**mes] *(du ißt)*
come [**ko**me] *(er/sie ißt, Sie essen)*
comemos [ko**me**mos] *(wir essen)*
coméis [ko**mäis**] *(ihr eßt)*
comen [**ko**men] *(sie/Sie essen)*

abrir [a**wrir**] *(öffnen):*
abro [**a**wro] *(ich öffne)*
abres [**a**wres] *(du öffnest)*
abre [**a**wre] *(er/sie öffnet, Sie öffnen)*
abrimos [a**wri**mos] *(wir öffnen)*
abrís [a**wris**] *(ihr öffnet)*
abren [**a**wren] *(sie/Sie öffnen)*

Die wichtigsten unregelmäßigen Verben:

tener [te**ner**] *(haben):*
tengo [**ten**go] *(ich habe)*
tienes [**tje**nes] *(du hast)*
tiene [**tje**ne] *(er/sie hat, Sie haben)*
tenemos [te**ne**mos] *(wir haben)*
tenéis [te**näis**] *(ihr habt)*
tienen [**tje**nen] *(sie/Sie haben)*

poder [po**der**] *(können):*
puedo [**pue**do] *(ich kann)*
puedes [**pue**des] *(du kannst)*
puede [**pue**de] *(er/sie kann, Sie können)*
podemos [po**de**mos] *(wir können)*
podéis [po**däis**] *(ihr könnt)*
pueden [**pue**den] *(sie/Sie können)*

ir [ir] *(gehen):*
voy [boi] *(ich gehe)*
vas [bas] *(du gehst)*
va [ba] *(er/sie geht, Sie gehen)*
vamos [**ba**mos] *(wir gehen)*
vais [bais] *(ihr geht)*
van [ban] *(sie/Sie gehen)*

querer [ke**rer**] *(wollen/mögen):*
quiero [**kje**ro] *(ich will)*
quieres [**kje**res] *(du willst)*
quiere [**kje**re] *(er/sie will, Sie wollen)*
queremas [ke**re**mas] *(wir wollen)*
queréis [ke**räis**] *(ihr wollt)*
quieren [**kje**ren] *(sie/Sie wollen)*

estar [es**tar**] *(sein/sich befinden):*
estoy [es**toi**] *(ich bin)*
estás [es**tas**] *(du bist)*
está [es**ta**] *(er/sie ist, Sie sind)*
estamos [es**ta**mos] *(wir sind)*
estáis [es**tais**] *(ihr seid)*
están [es**tan**] *(sie/Sie sind)*

ser [ser] *(sein)* bezeichnet wesentliche Eigenschaften einer Sache oder Person, kann auch vor Hauptwörtern stehen:

soy [soi] *(ich bin)*
eres [**e**res] *(du bist)*
es [es] *(er/sie ist, Sie sind)*
somos [**so**mos] *(wir sind)*
sois [sois] *(ihr seid)*
son [son] *(sie/Sie sind)*

Perfekt

Das Perfekt wird im Spanischen immer mit dem Hilfsverb haber und dem Partizip des Verbs gebildet. Zur Bildung des regelmäßigen Partizips wird die Verbendung -ar durch -**ado** ersetzt, die Endungen -er und -ir durch -**ido:**

he [e] *(ich habe)*
has [as] *(du hast)*
ha [a] *(er/sie hat/Sie haben)*
hemos [**e**mos] *(wir haben)*
habéis [a**wäis**] *(ihr habt)*
han [an] *(sie/Sie haben)*

hablado [a**wla**do] *(gesprochen)*
comido [ko**mi**do] *(gegessen)*
salido [sa**li**do] *(ausgegangen)*

Verneinung

Das spanische **no** heißt sowohl nein als nicht. Die Verneinung steht immer vor dem Verb:

No hablo español. [no‿awlo‿espa**njol**] *(Ich spreche nicht Spanisch.)*

Todavía no hemos comido. [toda**wia** no‿emos ko**mi**do] *(Wir haben noch nicht gegessen.)*

Nada [**na**da] *(nichts)* verlangt im Spanischen eine doppelte Verneinung: No compro nada. [no **kom**pro **na**da] *(Ich kaufe nichts.)*

Granada, Jerez de la Frontera und Sevilla sind Hochburgen des Flamenco, zu dessen Festivals sich die Frauen farbenprächtig herausputzen

Allgemeines

Begrüßung und Verabschiedung

Guten Morgen!/Guten Tag!	¡Buenos días! [**bu**enos **di**as]
Guten Abend!	¡Buenas tardes! [**bu**enas **tar**des]
Gute Nacht!	¡Buenas noches! [**bu**enas **no**tsches]
Hallo!	¡Hola! [**o**la]
Wie geht's?	¿Qué tal? [ke tal]
Wie geht es Ihnen/Dir?	¿Cómo está/estás? [**ko**mo‿es**ta**/es**tas**]
Danke, gut.	Muy bien, gracias. [mui bjen **gra**θias]
Und Ihnen/Dir?	¿Y usted/tú? [i us**te**/tu]
Auf Wiedersehen!/Tschüß!	¡Adiós! [a**djos**]
Bis dann.	¡Hasta luego! [**as**ta **lue**go]
Bis morgen.	¡Hasta mañana! [**as**ta man**ja**na]
Grüße an die Familie!	¡Saludos a la familia! [sa**lu**dos a la fa**mi**lia]
Vielen Dank für alles.	Muchas gracias por todo. [**mu**chas **gra**θias por **to**do]
Es hat uns sehr gefallen.	Nos ha gustado mucho. [nos a gus**ta**do **mu**tscho]
* ¡Buen viaje! [buen **bja**che]	Gute Reise!

Anrede und Vorstellung

Herr/Frau/Fräulein	Señor/Señora/Señorita [se**njor**/se**njo**ra/senjo**ri**ta]
Wie heißen Sie/heißt Du?	¿Cómo se llama/te llamas? [**ko**mo se **lja**ma/te **lja**mas]
Ich heiße ...	Me llamo ... [me **lja**mo]
Das ist mein Mann/Freund.	Éste es mi marido/amigo. [este‿es mi ma**ri**do/a**mi**go]

Das ist meine Frau/Freundin.	Ésta es mi esposa/amiga. [esta‿es mi e**spo**ßa/a**mi**ga]
Das sind meine Kinder.	Éstos son mis hijos. [**e**stos son mis **i**chos]
Angenehm./Sehr erfreut.	Encantado *(m)*/encantada *(f)*. [enkan**ta**do/enkan**ta**da]
Gleichfalls.	Igualmente. [igual**men**te]
Woher kommst Du/kommen Sie?	¿De dónde eres/es? [de **don**de‿**e**res/es]
Ich bin/Wir sind	**Soy/Somos** [soi/**so**mos]
aus Deutschland	de Alemania [de‿ale**ma**nia]
aus Österreich	de Austria [de‿**aus**tria]
aus der Schweiz.	de Suiza. [de su**i**θa]

Verständigung

Sprechen Sie/Sprichst Du Deutsch/Englisch?	¿Habla/Hablas alemán/inglés? [**a**wla/**a**wlas ale**man**/in**gleß**]
Wie heißt das?	¿Cómo se llama eso? [**ko**mo se **lja**ma **e**ßo]
Wie bitte?	¿Cómo? [**ko**mo]
Was bedeutet das?	¿Qué significa eso? [ke signi**fi**ka‿**e**ßo]
Haben Sie/Hast Du verstanden?	¿Ha/Has entendido? [a/as enten**di**do]
Ich verstehe nicht.	No entiendo. [no‿en**tjen**do]
Langsamer bitte!	Más despacio, por favor. [mas des**paθ**io por fa**wor**]
Bitte nochmal!	Otro vez, por favor. [**o**tra weθ por fa**wor**]
Können Sie/Kannst Du mir	**¿Me lo puede/puedes** [me lo **pue**de/**pue**des]
das aufschreiben	escribir [eskri**wir**]
das erklären/übersetzen?	explicar/traducir? [expli**kar**/tradu**θir**]

Höflichkeitsfloskeln

Bitte.	Por favor. [por fa**wor**]
Danke./Vielen Dank.	Gracias./Muchas gracias. [**graθ**ias/**mu**tschas **graθ**ias]
Danke, gleichfalls.	Gracias, igualmente. [**graθ**ias igual**men**te]

Richtig gegrüßt

Buenos días heißt sowohl „guten Morgen" als auch „guten Tag". Am Nachmittag ab etwa 14 Uhr und am frühen Abend sagt man *buenas tardes*, zu vorgerückter Stunde dagegen *buenas noches*. Salopper klingt zur Begrüßung ein einfaches *¡Hola!* (Hallo). Zum Abschied genügt *¡Adiós!* (Tschüß!) oder *¡Hasta luego!* (Bis bald!).

Die an den Gruß gerne angeschlossene Frage *¿Qué tal?* oder *¿Cómo está?* (Wie geht's?) gehört zum Begrüßungsritual; niemand erwartet von Ihnen eine wahrheitsgemäße Auskunft darauf. Am besten, Sie antworten mit *bien* (gut) oder *muy bien* (sehr gut), und fragen zurück *¿Y usted?* (Und Ihnen?)

Spanisch ist nicht die einzige Sprache im Land ...

Wundern Sie sich nicht, wenn Ihnen die Sprache in manchen Gegenden Spaniens gar nicht spanisch vorkommt. In und um Barcelona, in der Region Valencia und auf den Balearen wird Katalanisch gesprochen, im Einzugsbereich von Bilbao und San Sebastián hört man Baskisch, und entlang des Pilgerweges nach Santiago de Compostela Galicisch. In den Autonomen Regionen Katalonien, Baskenland und Galicien gelten die eigenen, historisch fest verwurzelten Regionalsprachen als gleichberechtigte Amts- und Verkehrssprache. Spanisch wird freilich landesweit verstanden und gesprochen, wenn auch nicht immer und überall gern, weil es im Selbstverständnis der erwähnten *Comunidades autónomas* gleichgesetzt wird mit der Sprache Kastiliens, der Keimzelle des späteren spanischen Zentralstaates.

Danke für Ihre Hilfe.	Gracias por su ayuda. [**gra**θias por su‿a**ju**da]
Bitte.	De nada. [de **na**da]
Keine Ursache.	No hay de qué. [no‿ai de ke]
Entschuldigung.	Perdón. [per**don**]
Das macht nichts.	No importa. [no‿im**por**ta]
Einen Augenblick, bitte!	Un momento, por favor. [un mo**men**to por fa**wor**]
Das ist sehr nett von Ihnen.	Es muy amable. [es mui‿a**ma**wle]
Das tut mir leid.	Lo siento. [lo **sjen**to]
Das ist schade.	¡Qué pena! [ke **pe**na]
Herzlich willkommen!	¡Bienvenido! [bjenwe**ni**do]
Herzlichen Glückwunsch!	¡Felicidades! [feliθi**da**des]
Alles Gute zum Geburtstag!	¡Feliz cumpleaños! [fe**liθ** kumple**a**njos]
Viel Spaß!	¡Qué se divierta! [ke se di**wjer**ta]
Gute Besserung!	¡Qué se mejore! [ke se me**cho**re]
Viel Glück!	¡Mucha suerte! [**mu**tscha **suer**te]
Gute Reise!	¡Buen viaje! [buen **bja**che]
Schöne Ferien!	¡Felices vacaciones! [fe**li**θes waka**θjo**nes]
Frohe Weihnachten!	¡Feliz Navidad! [fe**liθ** nawi**da**]
Frohe Ostern!	¡Felices Pascuas! [fe**li**θes **pas**kuas]
Ein frohes Neues Jahr!	¡Próspero Año Nuevo! [**pros**pero‿anjo **nue**wo]

Sich kennenlernen

Darf ich mich setzen?	¿Puedo sentarme? [**pue**do sen**tar**me]
Gestatten Sie?	¿Me permite? [me per**mi**te]
Sind Sie/Bist Du	**¿Está/Estás** [es**ta**/es**tas**]
alleine unterwegs	viajando solo *(m)*/sola *(f)* [bia**chan**do **so**lo/**so**la]
mit Freunden unterwegs	viajando con amigos [bia**chan**do kon a**mi**gos]
verheiratet?	casado *(m)*/casada *(f)*? [ka**ß**ado/ka**ß**ada]
Hast Du einen Freund/ eine Freundin?	¿Tienes novio/novia? [**tje**nes **no**wio/**no**wia]

Wie alt bist Du?	¿Cuántos años tienes? [**kwan**tos **an**jos **tje**nes]
Ich bin 25 Jahre alt.	Tengo veinticinco años. [**ten**go wäinti**θin**ko **an**jos]
Was sind Sie/bist Du von Beruf?	¿Cuál es su/tu profesión? [kwal es su/tu profe**ßjon**]
Ich gehe noch zur Schule.	Voy al colegio. [boi al ko**le**chio)
Ich bin Student(in).	Soy estudiante. [soi‿estu**djan**te]
Ich bin Angestellte/Angestellter.	Soy empleado *(m)*/empleada *(f)*. [soi‿emple**a**do/emple**a**da]
Möchten Sie etwas trinken?	¿Quiere tomar algo? [**kje**re to**mar al**go]
Ja, gerne.	Sí, con mucho gusto. [si kon **mu**tscho **gus**to]
Gute Idee.	Buena idea. [**bue**na‿id**e**a]
Warum nicht?	¿Por qué no? [por ke no]
Nein, danke.	No, gracias. [no **gra**θias]
Vielleicht ein andermal.	Tal vez otro día. [tal **weθ o**tro **di**a]
Vielleicht später.	Tal vez más tarde. [tal **weθ** mas **tar**de]
Gefällt es Ihnen/Dir hier?	¿Le/Te gusta aquí? [le/te **gus**ta‿a**ki**]
Mir gefällt es sehr gut.	Me gusta mucho. [me **gus**ta **mu**tscho]
Sind Sie/Bist Du zum ersten Mal hier?	¿Es la primera vez que está/estás aquí? [es la pri**me**ra weθ ke‿es**ta**/es**tas** a**ki**]
Nein, ich war schon einmal in …	No, ya he estado en … [no ja‿e‿es**ta**do‿en]
Kennen Sie/Kennst Du Deutschland?	¿Conoce/Conoces Alemania? [ko**no**θe/ko**no**θes ale**ma**nia]
Besuchen Sie/Besuche mich doch einmal.	Tiene/Tienes que visitarme un día. [**tje**ne/**tje**nes ke wisi**tar**me‿un **di**a]
Hier ist meine Adresse.	Ésta es mi dirección. [**es**ta‿es mi direk**θjon**]
Wie lange sind Sie/bist Du schon hier?	¿Cuánto tiempo lleva/llevas aquí? [**kwan**to **tjem**po **lje**wa/**lje**was a**ki**]
Seit einer Woche/zwei Tagen.	Una semana./Dos días. [**u**na se**ma**na/dos **di**as]
Wie lange bleiben Sie/bleibst Du noch hier?	¿Cuánto tiempo se queda/te quedas aquí? [**kwan**to **tjem**po se **ke**da/te **ke**das a**ki**]
Noch eine Woche/zwei Tage.	Una semana/Dos días más. [**u**na se**ma**na/dos **di**as mas]

Wollen wir heute/morgen zusammen	**¿Hoy/Mañana vamos juntos** [oi/ma**nja**na **wa**mos **chun**tos]
essen	a comer [a ko**mer**]
ins Kino/zum Tanzen gehen	al cine/a bailar [al **θi**ne/a bai**lar**]
Sport treiben	a hacer deporte [a‿a**θer** de**por**te]
spielen?	a jugar? [a chu**gar**]
Gehen wir heute/morgen zusammen aus?	¿Vamos a salir juntos hoy/mañana? [**ba**mos a sa**lir chun**tos oi/ma**nja**na]
Einverstanden.	Muy bien. [**mu**i bjen]
In Ordnung!	Vale. [**ba**le]
Nein, ich möchte nicht.	No, no tengo ganas. [no no **ten**go **ga**nas]
Ich kann leider nicht.	Lo siento, pero no puedo. [lo **sjen**to **pe**ro no **pue**do]

Wann/Wo treffen wir uns?	¿Cuándo/Dónde nos encontramos? [**kwan**do/**don**de nos enkon**tra**mos]
Um 9 Uhr vor dem Kino.	A las nueve delante del cine. [a las **nue**we de**lan**te del **θi**ne]
Kann ich Sie/Dich	**¿Puedo** [**pue**do]
abholen	llevarle/llevarte [ljewarle/lje**war**te]
nach Hause bringen	acompañarle/-te a casa [akompa**njar**le/-te‿a **ka**ßa]
zum Bus bringen?	acompañarle/-te al autobús? [akompa**njar**le/-te‿al auto**bus**]
Nein, das ist nicht nötig.	No, no es necesario. [no no‿es neθe**ßa**rio]
Das war ein wunderschöner Tag/ein wunderschöner Abend.	Ha sido un día maravilloso/una noche maravillosa. [a **si**do un **di**a marawi**ljo**ßo/**u**na **no**tsche marawi**ljo**ßa]
Wann treffen wir uns wieder?	¿Cuándo vamos a encontrarnos? [**kwan**do **wa**mos a‿enkon**trar**nos]
Das gefällt mir nicht.	Eso no me gusta. [**e**ßo no me **gus**ta]
Dazu habe ich keine Lust.	No tengo ganas. [no **ten**go **ga**nas]
Lassen Sie mich/Laß mich in Ruhe!	¡Déjeme/Déjame en paz! [**de**cheme/**de**chame‿en paθ]
Bitte gehen Sie/geh!	¡Por favor váyase/vete! [por fa**wor wa**jase/**we**te]
Verschwinden Sie/ Verschwinde!	¡Lárguese!/Lárgate! [**lar**gese/**lar**gate]

Fragen

Was ist das?	¿Qué es esto? [ke‿es **es**to]
Was kostet das?	¿Cuánto cuesta? [**kwan**to **kues**ta]
Wo ist/gibt es ...?	¿Dónde está/hay ...? [**don**de‿es**ta**/**ai**]
Wohin fährt ...?	¿Adónde va ...? [a**don**de wa]
Wie heißt das?	¿Cómo se llama esto? [**ko**mo se **lja**ma‿esto]
Wie lange dauert das?	¿Cuánto tiempo dura? [**kwan**to **tjem**po **du**ra]
Wann beginnt das Konzert?	¿Cuándo empieza el concierto? [**kwan**do‿em**pje**θa‿el kon**θjer**to]
Wieviele Kilometer/Minuten sind es?	¿Cuántos kilómetros/minutos son? [**kwan**tos ki**lo**metros/mi**nu**tos son]
Können Sie	**¿Puede usted** [**pue**de‿us**te**]
mir helfen	ayudarme [aju**dar**me]
mir das zeigen?	mostrarmelo? [mos**trar**melo]
Kann ich Ihnen helfen?	¿Puedo ayudarle? [**pue**do‿aju**dar**le]

Fragewörter

Was?	¿Qué? [ke]
Wer?	¿Quién? [kjen]
Welche (-r, -s)?	¿Cuál? *(Sing)*/¿Cuáles? *(Pl)* [kwal/**kwa**les]

Wo?	¿Dónde? [**don**de]
Wohin?	¿Adónde? [a**don**de]
Wie?	¿Cómo? [**ko**mo]
Wieviel(e)?	¿Cuánto(s)? [**kwan**to(s)]
Wann?	¿Cuándo? [**kwan**do]
Wie lange?	¿Cuánto tiempo? [**kwan**to **tjem**po]
Warum?	¿Por qué? [por ke]
Wofür?	¿Para qué? [**pa**ra ke]

Uhrzeit

Wie spät ist es (genau), bitte?	¿Por favor, qué hora es (exactamente)? [por fa**wor** ke‿**o**ra‿es (exakta**men**te)]
Es ist	**Es** [es]
1 Uhr	la una [la‿**u**na]
12 Uhr mittags/Mitternacht.	mediodía/medianoche. [medio**di**a/media**no**tsche]
Es ist	**Son** [son]
2 Uhr/3 Uhr	las dos/las tres [las dos/las tres]
Viertel nach 3	las tres y cuarto [las tres i **kwar**to]
Viertel vor 5	las cinco menos cuarto [las **θin**ko **me**nos **kwar**to]
15 Uhr 20	las quince y veinte [las **kin**θe‿i **wäin**te]
halb 4	las tres y media [las tres i **me**dia]
5 Minuten vor 6.	las seis menos cinco. [las säis **me**nos **θin**ko]
Um wieviel Uhr müssen wir hier sein?	¿A qué hora tenemos que estar aquí? [a ke‿**o**ra te**ne**mos ke‿es**tar** a**ki**]
* A eso de las doce. [a‿**e**ßo de las **do**θe].	Ungefähr um 12 Uhr.
* A las trece en punto. [a las **tre**θe‿en **pun**to]	Pünktlich um 13 Uhr.

Wann gibt es Frühstück/ Mittag-/Abendessen?	¿A qué hora es el desayuno/la comida/la cena? [a ke‿**o**ra **es**‿el deßa**ju**no/la ko**mi**da/la **θe**na]
* De ocho a nueve. [de‿**o**tscho‿a **nue**we]	Von 8 bis 9 Uhr.
* Entre las siete y las ocho. [**en**tre las **sje**te‿i las **o**tscho]	Zwischen 7 und 8 Uhr.
* Dentro de una hora. [**den**tro de‿**u**na‿**o**ra]	In 1 Stunde.

Â

Datum

Den wievielten haben wir heute?	¿A cuántos estamos? [a **kwan**tos es**ta**mos]
Heute ist der 1./2./15. August.	Hoy es el uno/dos/quince de agosto. [oi‿es el **u**no/dos/**kin**θe de‿a**gos**to]
Wir kommen am 20. Mai an.	Llegamos el veinte de mayo. [lje**ga**mos el **wäin**te de **ma**jo]
Wir bleiben bis 31. August.	Nos quedamos hasta el treinta y uno de agosto. [nos ke**da**mos **as**ta‿el **träin**ta‿i‿**u**no de‿a**gos**to]

Ich bin geboren/
Ich habe Geburtstag
am 12. Januar (1960).

Nací/Mi cumpleaños es
[na**θi**/mi kumple**an**jos es]
el doce de enero (de mil novecientos sesenta).
[el **do**θe de‿e**ne**ro (de mil nove**θjen**tos se**ßen**ta)]

Zeitangaben

abends	por la noche [por la **no**tsche]
am Wochenende	el fin de semana [el fin de se**ma**na]
bis morgen!	¡hasta mañana! [**as**ta man**ja**na]
früh(morgens)	temprano (por la mañana) [tem**pra**no (por la man**ja**na)]

Wochentage

Montag lunes [**lu**nes]
Dienstag martes [**mar**tes]
Mittwoch miércoles [**mjer**koles]
Donnerstag jueves [**chue**wes]
Freitag viernes [**bjer**nes]
Samstag sábado [**sa**wado]
Sonntag domingo [do**min**go]

Monate

Januar enero [e**ne**ro]
Februar febrero [fe**wre**ro]
März marzo [**mar**θo]
April abril [a**wril**]
Mai mayo [**ma**jo]
Juni junio [**chun**jo]
Juli julio [**chul**jo]
August agosto [a**gos**to]
September septiembre [sep**tjem**bre]
Oktober octubre [ok**tu**wre]
November noviembre [no**wjem**bre]
Dezember diciembre [di**θjem**bre]

Jahreszeiten

Frühling primavera [prima**we**ra]
Sommer verano [be**ra**no]
Herbst otoño [o**ton**jo]
Winter invierno [im**bjer**no]
Hoch-/Nebensaison temporada alta/baja [tempo**ra**da‿**al**ta/**ba**cha]

gestern	ayer [a**jer**]
heute	hoy [oi]
heute abend	hoy por la noche [**oi** por la **no**tsche]
in 14 Tagen	dentro de quince días [**den**tro de **kin**θe **di**as]
(dieses/nächstes/ voriges/jedes) Jahr	(este/el próximo/el pasado/cada) año [(**es**te/el **pro**ximo/el pa**ß**ado/**ka**da) **an**jo]
jetzt	ahora [a**o**ra]
manchmal	a veces [a **we**θes]
Minute	minuto [mi**nu**to]
mittags	a mediodía [a medio**di**a]
morgen	mañana [ma**nja**na]
morgens	por la mañana [por la ma**nja**na]
nachmittags	por la tarde [por la **tar**de]
nachts	por la noche [por la **no**tsche]
rechtzeitig	a tiempo [a **tjem**po]
Sekunde	segundo [se**gun**do]
spät/zu spät	tarde/demasiado tarde [**tar**de/dema**sja**do **tar**de]
später	más tarde [mas **tar**de]
Stunde	hora [**o**ra]
täglich	cada día [**ka**da **di**a]
Tag	día [**di**a]
übermorgen	pasado mañana [pa**ßa**do ma**nja**na]
vor (2 Tagen)	hace (dos días) [**a**θe (dos **di**as)]
vorgestern	anteayer [antea**jer**]
vorher	antes [**an**tes]
vormittags	por la mañana [por la ma**nja**na]
Woche	semana [se**ma**na]
zur Zeit	actualmente [aktual**men**te]

Maßeinheiten

cm/m/km	centímetro/metro/kilómetro [θen**ti**metro/**me**tro/ki**lo**metro]
m^2/km^2/ha	metro cuadrado/kilómetro cuadrado/hectárea [**me**tro kwa**dra**do/ki**lo**metro kwa**dra**do/ek**ta**rea]
m^3	metro cúbico [**me**tro **ku**wiko]
km/h	kilómetro por hora [ki**lo**metro por **o**ra]
1/4 Liter	un cuarto litro [un **kwar**to **li**tro]
1/2 Liter	medio litro [**me**dio **li**tro]
Gramm/Pfund/Kilo/Tonne	gramo/medio kilo/kilo/tonelada [**gra**mo/**me**dio **ki**lo/**ki**lo/tone**la**da]
Sekunde/Minute/Stunde	segundo/minuto/hora [se**gun**do/mi**nu**to/**o**ra]
Tag/Woche/Monat/Jahr	día/semana/mes/año [**di**a/se**ma**na/meß/**an**jo]
Dutzend	docena [do**θe**na]
Paar	par [par]
Portion	ración [ra**θjon**]

Wetter

Wie schön das Wetter heute ist!	¡Qué buen tiempo hace hoy! [ke buen tjempo‿aθe‿oi]
Bleibt es so schlecht/schön?	¿Seguirá el buen/mal tiempo? [segira el buen/mal tjempo]
Was sagt der Wetterbericht?	¿Qué dicen en la previsión del tiempo? [ke diθen en la prewißjon del tjempo]
Es wird kälter/wärmer.	Las temperaturas bajarán/subirán. [las temperaturas bacharan/suwiran]
Es ist heiß/schwül/windig.	Hace mucho calor/bochorno/viento. [aθe mutscho kalor/botschorno/wjento]
Es ist stürmisch/neblig.	Hay tempestad/niebla. [ai tempesta/njewla]
Heute/Morgen soll es regnen/schneien.	Hoy/Mañana lloverá/nevará. [oi/manjana ljowera/newara]
Wie lange regnet es schon?	¿Llueve desde hace mucho tiempo? [ljuewe desde‿aθe mutscho tjempo]
Wann hört es auf zu regnen?	¿Cuándo terminará la lluvia? [kwando terminara la ljuwia]
Wieviel Grad haben wir?	¿Cuántos grados hay? [kwantos grados ai]
25 Grad (im Schatten).	Veinticinco grados (a la sombra). [bäintiθinko grados (a la sombra)]

Farben

Ich suche eine blaue/schwarze Hose.	Estoy buscando unos pantalones azules/negros. [estoi buskando unos pantalones aθules/negros]
Haben Sie dieses Hemd	**¿Tiene esta camisa** [tjene‿esta kamißa]
auch in Weiß	también en blanco [tambjen en blanko]
in einer anderen Farbe?	en otro color? [en otro kolor]
Diese Farbe	**Este color** [este kolor]
gefällt mir nicht	no me gusta [no me gusta]
ist mir zu hell/zu dunkel.	es demasiado claro/oscuro. [es demaßjado klaro/oskuro]

Farben

beige beige [bäisch]
blau azul [aθul]
blond rubio [ruwio]
braun marrón [maron]
bunt multicolor [multikolor]
dunkel oscuro [oskuro]
einfarbig liso [lißo]
gelb amarillo [amariljo]
gemustert con dibujo [kon diwucho]
gestreift rayado [rajado]
grau gris [griß]
grün verde [berde]
hell claro [klaro]
kariert a cuadros [a kwadros]
lila lila [lila]
rosa rosa [roßa]
rot rojo [rocho]
schwarz negro [negro]
weiß blanco [blanko]

Auf Schnellstraßen (autovía) gilt eine Höchstgeschwindigkeit von 100 km/h, auf Autobahnen (autopista) sind 120 km/h erlaubt

Reisewege und Verkehrsmittel

An der Grenze

* ¡Su pasaporte! [su paßa**por**te]	Ihren Paß!
* ¡Su carnet de conducir! [su kar**ne** de kondu**θir**]	Ihren Führerschein!
* ¡Los documentos del coche! [los doku**men**tos del **ko**tsche]	Den Fahrzeugschein!
* ¡Los pasaportes de los hijos! [los paßa**por**tes de los **i**chos]	Die Kinderpässe!
* ¡La carta verde, por favor! [la **kar**ta **wer**de por fa**wor**]	Die grüne Versicherungskarte, bitte!
* ¿Adónde va? [a**don**de wa]	Wohin fahren Sie?
Ich fahre/Wir fahren nach ...	Voy/Vamos a ... [**boi**/**ba**mos a]
Ich bin Tourist.	Soy turista [soi tu**ri**sta]
Ich bin auf Geschäftsreise.	Hago un viaje de negocios. [ago un **bja**che de ne**go**θjos]
* ¿Tiene algo que declarar? [**tje**ne‿**al**go ke dekla**rar**]	Haben Sie etwas zu verzollen?
Nein, ich habe nichts zu verzollen.	No, no tengo nada que declarar. [no no **ten**go **na**da ke dekla**rar**]
Nur einige Geschenke.	Sólo algunos regalos. [**so**lo al**gu**nos re**ga**los]
Muß ich das verzollen?	¿Tengo que declarar esto? [**ten**go ke dekla**rar** **e**sto]
* Está prohibido llevar eso. [es**ta** proi**wi**do lje**war** **e**ßo]	Sie dürfen das nicht einführen!
* ¡Abra por favor la maleta! [**a**wra por fa**wor** la ma**le**ta]	Öffnen Sie bitte den Koffer!

Wieviele ... sind zollfrei?	**¿Cuántos ... están exentos de aduana?** [kwantos ... estan exentos de‿aduana]
Zigaretten	cigarrillos [θigariljos]
Liter Wein/Spirituosen	litros de vino/licores [litros de wino/likores]

Nach dem Weg fragen

Wie komme ich	**¿Cómo voy** [komo woi]
nach ...	a ... [a]
zur Autobahn	a la autopista [a la‿autopista]
ins Zentrum	al centro [al θentro]
zum ... Platz	a la plaza de ... [a la plaθa de]
zur ... Straße	a la calle de ... [a la kalje de]
zum (Bus-)Bahnhof	a la estación (de autobuses) [a la estaθjon de autobußes]
zum Flughafen/Hafen?	al aeropuerto/puerto? [al aeropuerto/puerto]
* En el cruce [en el kruθe]	An der Kreuzung
* En el semáforo [en el semaforo]	An der Ampel
*** Después de quinientos metros** [despues de kinjentos metros]	**Nach 500 Metern**
* girar a la derecha/a la izquierda [chirar a la deretscha/a la‿iθkjerda]	rechts/links abbiegen
* ir todo recto [ir todo rekto]	geradeaus fahren/gehen
* volver atrás. [bolwer atras]	zurückfahren/zurückgehen.
Ist das die Straße nach ...?	¿Es la carretera a ...? [es la karretera‿a]
Wieviele Meter/Kilometer sind es nach ...?	¿Cuántos metros/kilómetros son a ...? [kwantos metros/kilometros son a]
Können Sie mir das auf der Karte zeigen?	¿Puede mostrármelo en el mapa? [puede mostrarmelo‿en el mapa]

Ein Auto, Motorrad oder Fahrrad mieten

Ich möchte ... mieten.	**Quería alquilar** [keria‿alkilar]
ein Auto	un coche [un kotsche]
einen Geländewagen	un coche todo terreno [un kotsche todo terreno]
einen Kleinbus	un microbús [un mikrobus]
ein Wohnmobil	un coche-vivienda [un kotsche wiwjenda]
ein Motorrad	una moto [una moto]
ein Moped/Mofa	un ciclomotor/velomotor [un θiklomotor/belomotor]
einen Motorroller	un motoscooter [un motoskuter]
ein Fahrrad/Mountainbike	una bicicleta/bicicleta de montaña [una biθikleta/biθikleta de montanja]
für 2 Tage/1 Woche	para dos días/una semana [para dos dias/una semana]
ab heute/morgen	a partir de hoy/mañana. [a partir de‿oi/manjana]

Wieviel kostet das Fahrzeug — **¿Cuánto cuesta el vehículo** [kwanto kuesta‿el weikulo]

pro Tag/pro Woche — por día/por semana [por dia/por semana]

pro gefahrenen Kilometer? — por kilómetro? [por kilometro]

Gibt es eine Kilometerbegrenzung? — ¿Hay un kilómetraje limitado? [ai‿un kilometrache limitado]

Wieviele Kilometer sind im Preis enthalten? — ¿Cuántos kilómetros están incluídos en el precio? [kwantos kilometros estan inkluidos en el preθio]

Wieviel Benzin ist noch im Tank? — ¿Cuántos litros de gasolina hay en el depósito? [kwantos litros de gaßolina ai‿en el depoßito]

Welches Benzin muß ich tanken? — ¿Qué gasolina tengo que poner? [ke gaßolina tengo ke poner]

Wie hoch ist die Kaution? — ¿Cuánto es la caución? [kwanto es la kauθjon]

Ist das Fahrzeug vollkaskoversichert? — ¿El vehículo está asegurado a todo riesgo? [el weikulo‿esta‿aßegurado a todo rjesgo]

Wie hoch ist die Selbstbeteiligung? — ¿Qué parte de los daños tengo que asumir yo? [ke parte de los danjos tengo ke‿aßumir jo]

Kann ich das Fahrzeug in … zurückgeben? — ¿Puedo devolver el vehículo en …? [puedo dewolwer el weikulo‿en]

Bis wann muß ich das Fahrzeug zurückbringen? — ¿Hasta cuándo tengo que devolver el vehículo? [asta kwando tengo ke dewolwer el weikulo]

Bitte erklären Sie mir alle Funktionen! — ¡Explíqueme todas las funciones, por favor! [explikeme todas las funθjones por fawor]

Verkehrsschilder

Accidente Unfall
Atasco Stau
Atención Achtung
Autopista (de peaje) Autobahn (gebührenpflichtig)
Callejón sin salida Sackgasse
Carril-bici Radweg
Ceda el paso Vorfahrt beachten!
Circunvalación Umgehungsstraße
Conducir por la derecha Rechts fahren
Control de radar Radarkontrolle
Curva peligrosa Gefährliche Kurve
Desviación/Desvío Umleitung
Escuela Schule
Estacionamiento Parkplatz
Giro obligatorio Kreisverkehr
Hospital Krankenhaus
Obras Baustelle
Paso a nivel (sin barrera) (Unbeschrankter) Bahnübergang
Paso de cebra Zebrastreifen
Paso de peatones Fußgängerübergang
Peaje Zahlstelle
Peligro Gefahr
Precaución Vorsicht
Prohibido adelantar Überholverbot
Prohibido el paso Durchfahrt verboten
Prohibido estacionar Parkverbot
Prohibido girar a la izquierda Linksabbiegen verboten
Prohibido parar Halteverbot
Respetar la preferencia Vorfahrt beachten
Salida Ausfahrt
Sentido único Einbahnstraße
Todas direcciones Alle Richtungen
Zona azul Kurzparkbereich
Zona de peatones Fußgängerzone

Mit dem Auto unterwegs

In Spanien gibt es neben gebührenfreien autobahnähnlichen Straßen *(autovías)* die mautpflichtigen Autobahnen *(autopistas)*. An deren Zahlstellen *(peajes)* ist für kürzere Teilstrecken wie Stadtumgehungen meist eine Schnellkasse eingerichtet. Sofern Sie das passende Kleingeld haben, können Sie dort die angezeigte Gebühr einfach in einen Münzautomaten einwerfen. Also Kleingeld sammeln und zählen!

Vermeiden Sie unerlaubtes Parken! Der Abschleppdienst *(la grúa)* ist relativ schnell zur Stelle, oder es wird die Parkkralle *(el cepo)* angelegt. Zum Parken in den Innenstädten müssen Sie meist ein Ticket aus einem Parkautomaten ziehen. An spanischen Tankstellen wird man in der Regel bedient. Die Angestellten kassieren auch und freuen sich bei besonderen Diensten über ein kleines Trinkgeld.

Parken

Kann ich hier parken?	¿Puedo aparcar el coche aquí? [**pue**do‿apar**kar** el **ko**tsche‿aki]
Gibt es hier	**¿Hay por aquí** [ai por‿aki]
einen (bewachten) Parkplatz	un aparcamiento (vigilado) [un aparka**mjen**to (wichi**la**do)]
eine Parkgarage?	un garaje? [un ga**ra**che]
Ist das Parkhaus nachts geöffnet?	¿El garaje está abierto por la noche? [el ga**ra**che‿est**a**‿a**wjer**to por la **no**tsche]
* Ocupado. [oku**pa**do]	Belegt.
Wie hoch ist die Parkgebühr	**¿Cuánto cuesta** [**kwan**to **kues**ta]
pro Stunde	por hora [por **o**ra]
pro Tag	por día [por **di**a]
pro Nacht?	por noche? [por **no**tsche]

Tanken

Wo ist bitte die nächste Tankstelle?	¿Dónde hay una gasolinera por aquí? [**don**de‿ai‿**u**na gaßoli**ne**ra por‿aki]
Bitte volltanken/20 Liter	¡Lleno, por favor/veinte litros [**lje**no por fa**wor**/**bäin**te **li**tros]
Normalbenzin	de gasolina normal [de gaßo**li**na nor**mal**]
Super	de súper [de **ßu**per]
Diesel	de diesel/de gasóleo [de **di**ßel/de ga**ßo**leo]
bleifrei/verbleit.	sin plomo/con plomo! [sin **plo**mo/kon **plo**mo]
Ich möchte bitte einen halben Liter Öl.	Quería medio litro de aceite. [ke**ri**a **me**dio **li**tro de‿a**θäi**te]
Bitte prüfen Sie	**¡Compruebe por favor** [kom**prue**we por fa**wor**]
den Ölstand	el nivel del aceite [el ni**wel** de‿a**θäi**te]
das Kühlwasser!	el agua del radiador! [el **a**gua del radia**dor**]

Panne, Unfall

Ich habe — **Tengo** [**ten**go]
- eine Panne — una avería [una‿aweria]
- eine Reifenpanne — una rueda pinchada [una rueda pintschada]
- einen Unfall. — un accidente. [un akθidente]

Können Sie mich mitnehmen — **¿Podría usted llevarme** [podria‿uste ljewarme]
- zu einer Tankstelle — a una gasolinera [a‿una gaßolinera]
- zu einer Werkstatt? — a un taller? [a‿un taljer]

Könnten Sie — **¿Podría usted** [podria uste]
- mich abschleppen — remolcarme [remolkarme]
- mir helfen — ayudarme [ajudarme]
- mir Starthilfe geben — ayudarme a arrancar [ajudarme‿a‿arrankar]
- mir Ihren Wagenheber leihen — prestarme su gato [prestarme su gato]
- die Polizei/Feuerwehr rufen — llamar a la policía/a los bomberos [ljamar a la poliθia/a los bomberos]
- einen Krankenwagen rufen — llamar a la ambulancia [ljamar a la ambulanθia]
- einen Arzt rufen? — llamar a un médico? [ljamar a un mediko]

Sind Sie verletzt? — ¿Está usted herido *(m)*/herida *(f)*? [esta‿uste‿erido/erida]

Es ist niemand verletzt. — No hay heridos. [no‿ai‿eridos]

Es ist jemand (schwer) verletzt. — Hay una persona herida (gravemente). [ai‿una perßona‿erida (grawemente)]

Geben Sie mir bitte — **¡Por favor, déme** [por fawor deme]
- Ihren Namen und Ihre Anschrift — su nombre y su dirección [su nombre‿i su direkθjon]
- Name und Anschrift Ihrer Versicherung! — nombre y dirección de su compañía de seguros! [nombre‿i direkθjon de su kompanjia de seguros]

Im Zentrum der Altstadt von Sevilla: Blick von der Kathedrale Santa María

Auto, Motorrad, Fahrrad

Abschleppseil	cable de remolque *(m)* [**kaw**le de re**mol**ke]
Auspuff	escape *(m)* [es**ka**pe]
Automatik	cambio automático [**kam**bio‿auto**ma**tiko]
Autoschlüssel	llave del coche *(f)* [**lja**we del **ko**tsche]
Batterie	batería [bate**ri**a]
Bremse	freno [**fre**no]
Ersatzteil	pieza de recambio [**pje**θa de re**kam**bio]
Flickzeug	estuche de reparación *(m)* [es**tu**tsche de repara**θjon**]
Gangschaltung	cambio de marchas [**kam**bio de **mar**tschas]
Glühbirne	bombilla [bom**bi**lja]
Handbremse	freno de mano [**fre**no de **ma**no]
Hupe	bocina [bo**θi**na]
Katalysator	catalizador *(m)* [kataliθa**dor**]
Keilriemen	correa trapezoidal [ko**rre**a trapeθoi**dal**]
Kindersitz	asiento de niños [a**ßjen**to de **ni**njos]
Kupplung	embrague *(m)* [em**bra**ge]
Kurzschluß	cortocircuito [kortoθir**kui**to]
Lenkung	dirección *(f)* [direk**θjon**]
Luftpumpe	bomba de inflar/bomba neumática [**bom**ba de‿in**flar**/**bom**ba näu**ma**tika]
(Fahrrad-)Mantel	cubierta [ku**wjer**ta]
Motor	motor *(m)* [mo**tor**]
Reifen	neumático [näu**ma**tiko]
Reparatur	reparación *(f)* [repara**θjon**]
Reserverad	rueda de reserva [**rue**da de re**ßer**wa]
Rücklicht	luz trasera *(f)* [luθ tra**ße**ra]
Scheibenwischer	limpiaparabrisas *(m)* [limpiapara**wri**ßas]
Scheinwerfer	faro [**fa**ro]
Schlauch	cámara de aire [**ka**mara de‿**ai**re]
Schraube	tornillo [tor**ni**ljo]
Schraubenzieher	destornillador *(m)* [destornilja**dor**]
Sicherheitsgurt	cinturón de seguridad *(m)* [θintu**ron** de seguri**da**]
Sicherung	fusible *(m)* [fu**ßi**wle]
Sturzhelm	casco [**kas**ko]
Tank	depósito [de**po**ßito]
Ventil	válvula [**bal**wula]
Verbandskasten	botiquín *(m)* [boti**kin**]
Warndreieck	triángulo de peligro [tri**an**gulo de pe**li**gro]
Werkzeug	herramientas *(f/Pl)* [erra**mjen**tas]
Zündkerze	bujía [bu**chi**a]

Ich bin/Sie sind/Er ist	**He ido/Usted ha ido/Ha ido** [e‿ido/uste‿a‿ido/a‿ido]
zu schnell gefahren	demasiado rápido [demaßjado rapido]
zu dicht aufgefahren.	con muy poca distancia. [kon mui poka distanθia]
Ich habe/Sie haben/Er hat	**No he/Usted no ha/No ha** [no‿e/uste no‿a/ no‿a]
die Vorfahrt mißachtet	respetado la preferencia [respetado la preferenθia]
das Rotlicht übersehen.	respetado la luz roja. [respetado la luθ rocha]
Sind Sie Zeuge des Unfalls?	¿Es usted testigo del accidente? [es uste testigo del akθidente]
Vielen Dank für Ihre Hilfe.	Muchas gracias por su ayuda. [mutschas graθias por su ajuda]

Werkstatt

Gibt es hier eine VW-Werkstatt?	¿Hay por aquí un concesionario Volkswagen? [ai por‿aki un konθesionario wolkswagen]
Der Motor	**El motor** [el motor]
springt nicht an	no arranca [no‿arranka]
verliert Öl	pierde aceite [pjerde‿aθäite]
funktioniert nicht richtig.	no marcha bien. [no martscha bjen]
Die Bremsen sind nicht in Ordnung.	Los frenos no funcionan bien. [los frenos no funθjonan bjen]
Die Kontrollampe leuchtet.	La lámpara piloto está encendida. [la lampara piloto esta‿enθendida]
Der Auspuff defekt.	El escape está estropeado. [el eskape‿esta estropeado]
Der Kühler ist undicht.	El radiador está permeable. [el radiador esta permeawle]
Was kostet die Reparatur?	¿Cuánto cuesta la reparación? [kwanto kuesta la reparaθjon]
Wann ist der Wagen fertig?	¿Cuándo estará listo? [kwando‿estara listo]

Autostopp

Fahren Sie nach …?	¿Usted va a …? [uste wa‿a]
Können Sie mich mitnehmen nach …?	¿Puede llevarme a …? [puede ljewarme‿a]
Ich möchte hier aussteigen!	Quiero bajar aquí. [kjero bachar aki]
Danke und gute Fahrt!	Gracias y ¡buen viaje! [graθias i buen bjache]

Städtische Verkehrsmittel

Bus, Straßenbahn, U-Bahn

Gibt es einen Bus nach …?	¿Hay un autobús a …? [ai‿un autowus a]
Wie lange dauert die Fahrt?	¿Cuánto tiempo dura el viaje? [kwanto tjempo dura‿el wiache]

Wo ist bitte die nächste Bushaltestelle Straßenbahnhaltestelle U-Bahnstation?	**¿Dónde está la próxima** [**don**de‿**es**ta la **pro**xima] parada del autobús [pa**ra**da del auto**wus**] parada del tranvía [pa**ra**da del tran**bi**a] estación del metro? [esta**θjon** del **me**tro]
Ist das weit?	¿Está lejos? [**esta le**chos]
Welche U-Bahn fährt nach …?	¿Cuál es el metro para …? [kwal es el **me**tro **pa**ra]
Wann fährt der letzte Bus zurück?	¿A qué hora regresa el último autobús? [a ke‿**o**ra re**gre**ßa‿el **ul**timo auto**wus**]
Welche Richtung muß ich nehmen?	¿Qué dirección tengo que tomar? [ke direk**θjon ten**go ke to**mar**]
Wieviele Haltestellen sind es?	¿Cuántas paradas son? [**kwan**tas pa**ra**das son]
Ist dies die U-Bahn nach …?	¿Es el metro para …? [es el **me**tro **pa**ra]
Wo muß ich aussteigen umsteigen zum Bahnhof ins Zentrum?	**¿Dónde tengo que** [**don**de **ten**go ke] bajar [ba**char**] cambiar [kam**bjar**] para la estación [**pa**ra la‿esta**θjon**] para el centro? [**pa**ra‿el **θen**tro]
Sagen Sie mir bitte, wann ich aussteigen muß!	¡Dígame por favor, cuando tengo que bajar! [**di**game por fa**wor kwan**do **ten**go ke ba**char**]
Wo kann ich den Fahrschein kaufen? Einen Fahrschein nach … bitte.	¿Dónde puedo comprar el billete? [**don**de **pue**do kom**prar** el bi**lje**te] Un billete a … por favor. [un bi**lje**te a … por fa**wor**]
Wieviel kostet die Fahrt?	¿Cuánto cuesta el billete? [**kwan**to **kues**ta‿el bi**lje**te]
Halten Sie bitte hier!	¡Pare aquí, por favor! [**pa**re a**ki** por fa**wor**]

Taxi

Wo ist der nächste Taxistand?	¿Dónde hay una parada de taxis por aquí? [**don**de‿ai‿**u**na pa**ra**da de **ta**xis por‿**aki**]
Zum Bahnhof! Zum Hotel! Zum Flughafen! In die Innenstadt! Nach …, bitte!	¡A la estación! [a la‿esta**θjon**] ¡Al hotel! [al‿o**tel**] ¡Al aeropuerto! [al aero**puer**to] ¡Al centro! [al **θen**tro] ¡A …, por favor! [a … por fa**wor**]
Was kostet die Fahrt nach/zum/zur …?	¿Cuál es el precio hasta/al/a la …? [kwal es el **pre**θjo **as**ta/al/a la]
Schalten Sie bitte das Taxameter ein! Warten/Halten Sie hier bitte!	¡Ponga el taxímetro por favor! [**pon**ga el ta**xi**metro por fa**wor**] ¡Espere/Pare aquí por favor! [es**pe**re/**pa**re‿a**ki** por fa**wor**]
Das ist für Sie!	¡Para usted! [**pa**ra‿us**te**]

Mit Bahn und Bus unterwegs

Wo ist der (Bus-)Bahnhof bitte?	¿Dónde está la estación (de autobuses), por favor? [**don**de‿**esta** la esta**θjon** (de auto**wu**ßes) por fa**wor**]
Wann fährt ein Zug/Bus nach ...?	¿Cuándo sale el tren/autobús a ...? [**kwan**do **sa**le‿el tren/auto**wus** a]
Muß ich umsteigen?	¿Tengo que hacer trasbordo? [**ten**go ke‿a**θer** tras**wor**do]
Von welchem Bahnsteig fährt der Zug ab?	¿De qué andén sale el tren? [de ke an**den** **sa**le‿el tren]
Wann kommt der Zug/Bus in ... an?	¿Cuándo llega el tren/autobús a ...? [**kwan**do **lje**ga‿el tren/auto**wus** a]
Habe ich in ... Anschluß nach ...?	¿En ... tengo enlace para ...? [en ... **ten**go‿en**la**θe **pa**ra]
Was kostet die Fahrkarte?	¿Cuánto cuesta el billete? [**kwan**to **kues**ta‿el bi**lje**te]
Gibt es eine Ermäßigung für	¿Hay un descuento para [ai‿un des**kuen**to **pa**ra]
Kinder	niños [**ni**njos]
Senioren?	la tercera edad? [la ter**θe**ra‿e**da**]
Bitte eine Karte/Karten	**¡Por favor un billete/unos billetes** [por fa**wor** un bi**lje**te/**u**nos bi**lje**tes]
nach ...	a ... [a]
einfach/hin und zurück	de ida/de ida y vuelta [de‿**i**da/de‿**i**da‿i **wuel**ta]
erster/zweiter Klasse	de primera/segunda clase [de pri**me**ra/se**gun**da **kla**ße]
für 2 Erwachsene und 2 Kinder!	para dos adultos y dos niños! [**pa**ra dos a**dul**tos i dos **ni**njos]

Hinweisschilder

¡Agua no potable! Kein Trinkwasser!
Andén Bahnsteig
Coche-cama Schlafwagen
Coche-literas Liegewagen
Coche-restaurante Speisewagen
Freno de alarma Notbremse
Información Auskunft
Lavabo Waschraum
Lavabos Toiletten
libre frei
ocupado besetzt
Salida Ausgang/Abfahrt
Vía Gleis

Bitte reservieren Sie	**Quería reservar** [keria reßerwar]
einen (Fenster-)Platz	un asiento (junto a la ventanilla) [un aßjento (chunto‿a la wentanilja)]
(Nicht-)Raucher	(no) fumadores [(no) fumadores]
einen Liegewagenplatz	un billete de coche-literas [un biljete de kotsche literas]
einen Schlafwagenplatz	un billete de coche-cama [un biljete de kotsche kama]
für den Zug/Bus	para el tren/autobús [para‿el tren/autowus]
um 14 Uhr!	a las catorce horas. [a las katorθe‿oras]
Ich möchte	**Quería** [keria]
mein Fahrrad mitnehmen	llevar la bicicleta [ljewar la biθikleta]
dieses Gepäck aufgeben.	facturar el equipaje. [fakturar el ekipache]
Wo finde ich bitte	**Por favor, ¿dónde está** [por fawor donde‿esta]
die Gepäckaufbewahrung	la consigna [la konsigna]
Schließfächer?	la consigna automática? [la konsigna‿automatika]
Ist das der Zug/Bus nach …?	¿Éste es el tren/autobús para …? [este es el tren/autowus para]
Ist dieser Platz frei, bitte?	¿Este asiento está libre? [este aßjento‿esta liwre]
Entschuldigung, das ist mein Platz!	Perdón, ¡este asiento es mío! [perdon este‿aßjento‿es mio]

Mit dem Flugzeug unterwegs

Ich möchte	**Quería** [keria]
einen Flug buchen nach …	reservar un vuelo a … [reßerwar un buelo‿a]
für 1 Person	para una persona [para‿una perßona]
für zwei/vier Personen	para dos/cuatro personas [para dos/kwatro perßonas]
am 2. September	el dos de septiembre [el dos de septjembre]
einfach/Hin- und Rückflug	de ida/de ida y vuelta [de‿ida/de‿ida‿i wuelta]
Touristenklasse/1. Klasse.	de clase turista/de primera clase. [de klaße turista/de primera klaße]
den Flug rückbestätigen	confirmar el vuelo [konfirmar el wuelo]
den Flug annulieren/umbuchen.	anular/cambiar el vuelo. [anular/kambjar el wuelo]

Sind noch Plätze frei	**¿Hay todavía plazas libres** [ai toda**wi**a **pla**θas **li**wres]
am Fenster/am Gang	junto a las ventanillas/junto al pasillo [**chun**to‿a las wenta**ni**ljas/**chun**to al pa**ßi**ljo]
für Raucher/Nichtraucher?	para fumadores/no fumadores? [**pa**ra fuma**do**res/no fuma**do**res]
* No quedan plazas libres. [no **ke**dan **pla**θas **li**wres]	Der Flug ist leider ausgebucht.
Wieviel kostet der Flug?	¿Cuánto cuesta el pasaje? [**kwan**to **kue**sta‿el pa**ßa**che]
Gibt es Sondertarife/ Stand-by-Plätze?	¿Hay tarifas especiales/plazas stand-by? [ai ta**ri**fas espe**θja**les/**pla**θas stand**bai**]
Wann muß ich am Flughafen sein?	¿A qué hora tengo que estar en el aeropuerto? [a ke‿**o**ra **ten**go ke‿es**tar** en el aero**puer**to]
Wie hoch ist die Flughafengebühr?	¿Cuánto es la tasa de aeropuerto? [**kwan**to es la **ta**ßa de‿aero**puer**to]
Mein Koffer/Meine Tasche	Mi maleta/Mi bolso [mi ma**le**ta/mi **bol**so]
ist beschädigt	está estropeada/-o [es**ta**‿estropeada/-o]
ist nicht da.	no está aquí. [no‿es**ta**‿a**ki**]

Mit dem Schiff unterwegs

Wann fährt ein Schiff/eine (Auto-)Fähre nach ...?	¿Cuándo hay un barco/un transbordador a ...? [**kwan**do‿ai‿un **bar**ko/un transborda**dor** a]
Wie lange dauert die Überfahrt?	¿Cuánto tiempo dura la travesía? [**kwan**to **tjem**po **du**ra la trawe**ßi**a]
Ich möchte	**Quería** [ke**ri**a]
eine Schiffskarte nach ...	un pasaje para ... [un pa**ßa**che **pa**ra]
1./2. Klasse	de primera/segunda clase [de pri**me**ra/se**gun**da **kla**ße]
eine Einzel-/Zweibettkabine	un camarote individual/de dos camas [un kama**ro**te‿indiwidu**al**/de dos **ka**mas]
eine Außenkabine/eine Innenkabine.	un camarote exterior/un camarote interior. [un kama**ro**te exte**rjor**/un kama**ro**te‿inte**rjor**]
Ich möchte mein Auto mitnehmen.	Quería llevar el coche. [ke**ri**a lje**war** el **ko**tsche]
Wann muß ich/müssen wir an Bord sein?	¿A qué hora tengo/tenemos que estar a bordo? [a ke‿**o**ra **ten**go/te**ne**mos ke‿es**tar** a **bor**do]
Wann legen wir in ... an?	¿A qué hora atracamos en ...? [a ke‿**o**ra‿atra**ka**mos en]
Wie lange haben wir Aufenthalt?	¿Cuánto tiempo nos quedamos? [**kwan**to **tjem**po nos ke**da**mos]
Ich suche	**Estoy buscando** [es**toi** bus**kan**do]
die Kabine Nummer ...	el camarote número ... [el kama**ro**te **nu**mero]
die Toiletten	los lavabos [los la**wa**wos]
das (Promenaden-)Deck	la cubierta (de paseo) [la ku**wjer**ta (de pa**ße**o)]
das Parkdeck	la cubierta de coches [la ku**wjer**ta de **ko**tsches]
einen Steward.	un camarero. [un kama**re**ro]

Ein Glanzstück der spanischen Hotellerie sind die Paradores. Derjenige von Carmona z. B. ist in einem ehemaligen Palast des Königs Pedro I eingerichtet

Unterkunft

Hotel und Privatzimmer

Gibt es hier — **¿Hay por aquí** [ai por‿**aki**]
ein gutes/einfaches/zentral gelegenes Hotel — un hotel bueno/no muy caro/céntrico [un o**tel bue**no/no mui **ka**ro/**θen**triko]
eine Pension — una pensión [**u**na pen**ßjon**]
in Strandnähe — cerca de la playa [**θer**ka de la **pla**ja]
in ruhiger Lage? — tranquilo/-a? [tran**ki**lo/-a]

Wo ist das Hotel/die Pension ...? — ¿Dónde está el hotel/la pensión ...? [**don**de‿**esta**‿el‿o**tel**/la pen**ßjon**]

An der Rezeption

Ich habe ein Zimmer reserviert. — He reservado una habitación. [e reßer**wa**do‿**u**na‿awita**θjon**]
Mein Name ist ... — Me llamo ... [me **lja**mo]

Haben Sie ein Zimmer frei — **¿Hay una habitación libre** [ai‿**u**na‿awita**θjon li**wre]
für eine Nacht — para una noche [**pa**ra‿**u**na **no**tsche]
für 1 Tag/für 3 Tage — para un día/para tres días [**pa**ra‿un **di**a/**pa**ra tres **di**as]
für 1 Woche? — para una semana? [**pa**ra‿**u**na se**ma**na]

* Lo siento, pero estamos completos. [lo **sjen**to **pe**ro‿es**ta**mos kom**ple**tos] — Wir sind leider ausgebucht.
* A partir del ... hay cuartos libres. [a par**tir** del ... ai **kwar**tos **li**wres] — Ab ... wird etwas frei.

Ich möchte/Wir möchten	**Quería/Queríamos** [ke**ri**a/ke**ri**amos]
ein Zimmer mit Dusche	una habitación con ducha [**u**na‿awita**θjon** kon **du**tscha]
ein Einzelzimmer	un cuarto individual [un **kwar**to‿indiwidu**al**]
ein Doppelzimmer	un cuarto doble [un **kwar**to **do**wle]
ein Zweibettzimmer	un cuarto con dos camas [un **kwar**to kon dos **ka**mas]
mit Bad und Toilette	con baño [kon **ban**jo]
mit Balkon	con balcón [kon bal**kon**]
zum Strand/zur Straße.	que dé a la playa/que dé a la calle. [ke de a la **pla**ja/ke de a la **ka**lje]
Wieviel kostet das Zimmer	**¿Cuánto cuesta la habitación** [**kwan**to **kues**ta la‿awita**θjon**]
pro Person	por persona [por per**ßo**na]
pro Nacht	por noche [por **no**tsche]
pro Woche	por semana [por se**ma**na]
mit (ohne) Frühstück	con (sin) desayuno [kon (sin) deßa**ju**no]
mit Halbpension	con media pensión [kon **me**dia pen**ßjon**]
mit Vollpension	con pensión completa [kon pen**ßjon** kom**ple**ta]
für Kinder?	para niños? [**pa**ra **ni**njos]
Ist das Zimmer mit Fernseher/ Telefon?	¿La habitación tiene televisor/teléfono? [la‿awita**θjon** **tje**ne telewi**ßor**/te**le**fono]
Ich möchte das Zimmer sehen.	Quería ver el cuarto. [ke**ri**a wer el **kwar**to]
Das Zimmer ist schön/ ist in Ordnung.	El cuarto es bonito/está bien. [el **kwar**to‿es bo**ni**to/es**ta** bjen]
Das Zimmer gefällt mir nicht.	El cuarto no me gusta. [el **kwar**to no me **gus**ta]
Haben Sie ein anderes Zimmer?	¿Hay otro cuarto? [ai‿**o**tro **kwar**to]
Kann ich mit Scheck/ Kreditkarte bezahlen?	¿Puedo pagar con cheque/tarjeta de crédito? [**pue**do pa**gar** kon **tsche**ke/tar**che**ta de **kre**dito]

Von der Fonda bis zum Gran Lujo

Spanienbesuchern steht eine Vielfalt an Unterkünften zur Auswahl. Hotels (blaues Schild mit weißem H) werden je nach Ausstattung in fünf Kategorien unterteilt und tragen entsprechend viel Sterne. Die Elite der Luxushotels, eine Handvoll im ganzen Land, darf sich mit der Auszeichnung *gran lujo* schmücken. Der Zusatz *residencia* bedeutet, daß keine Verpflegung geboten wird. *Hostales* (Hs) und *pensiones* (P) bieten sich als Alternative zum Mittelklassehotel an. Sie sind kleiner und familiärer, verfügen aber in der Regel nicht über ein Speiselokal und servieren u. U. auch kein Frühstück.

Die günstigsten Unterkünfte nennen sich *fonda* (weißes F auf blauem Schild) und *casa de huespedes* (CH). Die Zimmer solcher Billigquartiere sollte man vor dem Einchecken erst in Augenschein nehmen. Wer ein besonderes, landesspezifisches Reiseerlebnis sucht, dem seien die *paradores* empfohlen. Diese staatlich geführten Hotels der gehobenen Kategorie (ca. 75 auf dem Festland) sind vorwiegend in historischen Gebäuden wie Burgen, Palästen oder Klöstern eingerichtet und landschaftlich reizvoll gelegen. In der Küche legt man Wert auf regionale Spezialitäten.

UNTERKUNFT

Haben Sie	**¿Aquí tienen** [aki tjenen]
einen Parkplatz	un aparcamiento [un aparkamjento]
eine (bewachte) Garage	un garaje (vigilado) [un garache (wichilado)]
einen Safe	una caja fuerte [una kacha fuerte]
ein Schwimmbad?	una piscina? [una pisθina]
Wo ist	**¿Dónde está** [donde‿esta]
der Frühstücksraum	la sala de desayuno [la sala de deßajuno]
der Speisesaal?	el comedor? [el komedor]
Wann gibt es	**¿A qué hora sirven** [a ke‿ora sirwen]
Frühstück	el desayuno [el deßajuno]
Mittagessen	el almuerzo [el almuerθo]
Abendessen?	la cena? [la θena]

▶ **(Zu den Mahlzeiten siehe Essen und Trinken, S. 40 ff.)**

Wecken Sie mich morgen bitte um 7 Uhr!	¡Despiérteme mañana a las siete, por favor! [despjerteme manjana‿a las sjete por fawor]
Meinen Schlüssel, bitte!	¡Mi llave, por favor! [mi ljave por fawor]
Zimmer Nummer 10 bitte!	¡Cuarto número diez, por favor! [kwarto numero djeθ por fawor]
Kann ich hier	**¿Aquí puedo** [aki puedo]
Geld tauschen	cambiar dinero [kambjar dinero]
Eurocheques/ Travellerschecks einlösen	cobrar eurocheques/cheques de viaje [kowrar äurotschekes/tschekes de wjache]
telefonieren?	telefonear? [telefonear]
Kann ich von meinem Zimmer nach Deutschland telefonieren?	¿Puedo llamar desde mi cuarto a Alemania? [puedo ljamar desde mi kuarto‿a‿alemania]
Verbinden Sie mich bitte mit der Nummer …!	Póngame en comunicación con el número …, por favor. [pongame‿en komunikaθjon kon el numero … por fawor]
Gibt es Post für mich?	¿Hay correo para mí? [ai korreo para‿mi]

Reklamationen

Das Zimmer ist schmutzig/ ist zu laut.	El cuarto está sucio/es ruidoso. [el kwarto‿esta suθio/es ruidoßo]
Wir haben kein (warmes) Wasser.	No tenemos agua (caliente). [no tenemos agua (kaljente)]
… funktioniert nicht.	**… no funciona.** [no funθjona]
Das Licht	La luz [la luθ]
Die Dusche	La ducha [la dutscha]
Die Toilette	El lavabo [el lawawo]
Die Heizung	La calefacción [la kalefakθjon]
Es fehlt/Es fehlen	**Falta/Faltan** [falta/faltan]
Handtücher	toallas [toaljas]
Toilettenpapier.	papel higiénico. [papel ichjeniko]

Hotelreservierung per Fax

Hotel Miramar
Alicante
FAX ...

Señores:

Quería/Queríamos reservar una habitación para una persona/dos personas, si es posible un cuarto con ducha y balcón, desde el 1 hasta el 15 de agosto de 1997. Les ruego informarme/informarnos sobre los precios para cuartos individuales/dobles con desayuno/media pensión.

En espera de su confirmación, les saludamos atentamente,

Hotel Miramar
Alicante
FAX ...

Sehr geehrte Damen und Herren,

ich möchte/wir möchten von 1. bis 15. August 1997 ein Zimmer für 1 Person/2 Personen reservieren, wenn möglich mit Dusche und Balkon. Bitte teilen Sie mir/uns die Preise für Einzel-/Doppelzimmer mit Frühstück/Halbpension mit und benachrichtigen Sie mich/uns umgehend über die erfolgte Buchung.

Mit freundlichen Grüßen

Wir brauchen (noch)
eine Decke
ein Kopfkissen.

Necesitamos (todavía) [neθeßitamos (todawia)]
una manta [una manta]
una almohada. [una‿almoada]

Ich habe meinen Zimmerschlüssel verloren.
He perdido la llave de mi cuarto.
[e perdido la ljawe de mi kwarto]

Abreise

Ich reise/Wir reisen morgen/heute ab.
Parto/Partimos mañana/hoy.
[parto/partimos manjana/oi]

Die Rechnung bitte.
La cuenta, por favor. [la kuenta por fawor]

Rufen Sie bitte ein Taxi!
¡Llame un taxi, por favor!
[ljame‿un taxi por fawor]

Es hat uns hier sehr gefallen.
Nos ha gustado mucho estar aquí.
[nos a gustado mutscho‿estar aki]

Ferienhaus und Ferienwohnung

Wir suchen
ein Ferienhaus/
eine Ferienwohnung
ein (ruhiges) Appartement
für 2/4 Personen
für 6 Tage/2 Wochen.

Buscamos [buskamos]
una casa/un piso para las vacaciones
[una kaßa/un pißo para las wakaθjones]
un apartamento (tranquilo)
[un apartamento (trankilo)]
para dos/cuatro personas
[para dos/kwatro perßonas]
para seis días/dos semanas.
[para säis dias/dos semanas]

Wieviele Zimmer hat/
Was kostet
die Wohnung
das Haus?

¿Cuántas habitaciones tiene/Cuánto cuesta
[kwantas awitaθjones tjene/kwanto kuesta]
el piso [el pißo]
la casa? [la kaßa]

Sind Nebenkosten extra zu bezahlen?	¿Hay que pagar gastos adicionales? [ai ke pa**gar** **ga**stos adiθio**na**les]
Sind Haustiere/Hunde erlaubt?	¿Aceptan animales domésticos/perros? [a**θep**tan ani**ma**les do**me**stikos/**pe**rros]
Müssen wir die Endreinigung übernehmen?	¿Tenemos que hacer nosotros la limpieza final? [te**ne**mos ke‿a**θer** no**ß**otros la lim**pje**θa fi**nal**]
Wo kann man hier	**¿Dónde se puede** [**don**de se **pue**de]
einkaufen	hacer compras [a**θer** **kom**pras]
telefonieren	telefonear [telefone**ar**]
Wäsche waschen?	lavar ropa? [la**war** **ro**pa]

Camping

Haben Sie Platz für	**¿Hay sitio para** [ai **si**tio **pa**ra]
ein Zelt	una tienda [**u**na **tjen**da]
einen Wohnwagen	una caravana [**u**na kara**wa**na]
ein Wohnmobil?	una autocaravana? [**u**na **au**tokara**wa**na]
Was kostet der Platz	**¿Cuánto cuesta** [**kwan**to **kue**sta]
pro Person	por persona [por per**ßo**na]
für ein Auto	para un coche [**pa**ra‿un **ko**tsche]
für ein Wohnmobil	para una autocaravana [**pa**ra‿**u**na **au**tokara**wa**na]
für einen Wohnwagen	para una caravana [**pa**ra‿**u**na kara**wa**na]
für ein Zelt?	para una tienda? [**pa**ra‿**u**na **tjen**da]
Vermieten Sie auch	**¿Se alquilan también** [se‿al**ki**lan tam**bjen**]
Wohnwagen	caravanas [kara**wa**nas]
Zelte	tiendas [**tjen**das]
Bungalows/Hütten?	chalés/cabañas? [tscha**les**/ka**wan**jas]
Wo sind die Duschen/ die Toiletten?	¿Dónde están las duchas/los lavabos? [**don**de‿**estan** las **du**tschas/los la**wa**wos]
Wir brauchen	**Necesitamos** [neθeßi**ta**mos]
einen Stromanschluß	electricidad/toma de corriente [elektriθi**da**/**to**ma de ko**rrjen**te]
einen Wasseranschluß.	toma de agua. [**to**ma de‿**a**gua]
Wann wird nachts das Tor geschlossen?	¿Cuándo cierran la puerta por la noche? [**kwan**do **θje**rran la **puer**ta por la **no**tsche]
Ist der Platz nachts bewacht?	¿El camping está vigilado durante la noche? [el **kam**ping **esta** wichi**la**do du**ran**te la **no**tsche]
Gibt es auf dem Campingplatz	**¿En el camping hay** [en el **kam**ping ai]
einen Supermarkt	un supermercado [un supermer**ka**do]
ein Restaurant	un restaurante [un restau**ran**te]
Münz-Waschmaschinen	lavadoras [lawa**do**ras]
Kühlboxen	neveras [ne**we**ras]
einen Spielplatz?	un parque de juegos infantiles? [un **par**ke de **chue**gos infan**ti**les]

Jugendherberge

Gibt es hier eine Jugendherberge?
¿Hay un albergue juvenil por aquí?
[ai‿un al**ber**ge chuwe**nil** por‿**aki**]

Wieviel kostet eine Übernachtung pro Person (mit Frühstück)?
¿Cuánto cuesta una noche por persona (con desayuno)?
[**kwan**to **kues**ta‿**u**na **no**tsche] [por per**ß**o**na (kon deßa**ju**no)]

Wir haben reserviert.
Hemos hecho una reserva.
[**e**mos **e**tscho **u**na re**ßer**wa]

Haben Sie ein Familienzimmer?
¿Tienen una habitación para familias?
[**tje**nen **u**na awita**θjon** **pa**ra fa**mi**lias]

Unterkunft

Adapter	adaptador *(m)* [adapta**dor**]
Appartement	apartamento [aparta**men**to]
Aschenbecher	cenicero [θeni**θe**ro]
Aufzug	ascensor *(m)* [asθen**ßor**]
Badewanne	bañera [ba**nje**ra]
Balkon	balcón *(m)* [bal**kon**]
Bett	cama [**ka**ma]
Bettdecke	colcha [**kol**tscha]
Bettwäsche	ropa de cama [**ro**pa de **ka**ma]
Dusche	ducha [**du**tscha]
Endreinigung	limpieza final [lim**pje**θa fi**nal**]
Ermäßigung	reducción *(f)* [reduk**θjon**]
Familienzimmer	habitación *(f)* para familias [awita**θjon** **pa**ra fa**mi**lias]
Fernseher	televisor *(m)* [telewi**ßor**]
Garage	garaje *(m)* [ga**ra**che]
Gasflasche	bombona de gas [bom**bo**na de gas]
Gepäck	equipaje *(m)* [eki**pa**che]
Geschirr	vajilla [ba**chi**lja]
Geschirrtuch	paño de cocina [**pa**njo de ko**θi**na]
Handtuch	toalla [to**a**lja]
Heizung	calefacción *(f)* [kalefak**θjon**]
(Elektro-/Gas-)Herd	cocina (eléctrica/de gas) [ko**θi**na (e**lek**trika/de gas)]
(Zelt-)Hering	piquete *(m)* [pi**ke**te]
Kaffeemaschine	cafetera automática [kafe**te**ra‿auto**ma**tika]
Kinderbett	cama de niños [**ka**ma de **ni**njos]
Kissen	almohada [almo**a**da]
Kleiderbügel	percha [**per**tscha]
Klimaanlage	aire *(m)* acondicionado [**ai**re‿akondiθio**na**do]
Kochtöpfe	ollas [**o**ljas]
Küche	cocina [ko**θi**na]

Ich bleibe/Wir bleiben 2 Tage/ Wochen.	Me quedo/Nos quedamos dos días/semanas. [me **ke**do/nos ke**da**mos dos **di**as/se**ma**nas]
Ich brauche (keine) Bettwäsche.	(No) Necesito ropa de cama. [(no) neθe**ßi**to **ro**pa de **ka**ma]
Wann wird die Eingangstür abgeschlossen?	¿A qué hora cierran la puerta de entrada? [a ke‿**o**ra **θje**rran la **puer**ta de‿en**tra**da]

Wie weit ist es bis — **¿Está lejos** [**esta le**chos]
- zum Strand — la playa [la **pla**ja]
- zur Stadt — la ciudad [la θiu**da**]
- zum Bahnhof? — la estación? [la‿esta**θjon**]

leihen/mieten	alquilar [alki**lar**]
Leihgebühr	tarifa de alquiler [ta**ri**fa de‿alki**ler**]
Licht	luz *(f)* [luθ]
Müll(eimer)	(cubo de) basura [(**ku**wo de) ba**ßu**ra]
Münzen	monedas [mo**ne**das]
Nebenkosten	gastos adicionales [**ga**stos adiθio**na**les]
Parkplatz	aparcamiento [aparka**mjen**to]
Pension	pensión *(f)* [pen**ßjon**]
Rechnung	cuenta [**kuen**ta]
reinigen	limpiar [lim**pjar**]
reparieren	reparar [repa**rar**]
Safe	caja fuerte [**ka**cha **fuer**te]
Schlafsack	saco de dormir [**sa**ko de dor**mir**]
Schlüssel	llave *(f)* [**lja**we]
Seife	jabón *(m)* [cha**won**]
Speisesaal	comedor *(m)* [kome**dor**]
Sportplatz	campo de deportes [**kam**po de de**por**tes]
Strom(anschluß)	(toma de) electricidad [(**to**ma de) elektriθi**da**]
Telefon	teléfono [te**le**fono]
Toilette	lavabos/aseos/servicios [la**wa**wos/a**ß**eos/ser**wi**θios]
Toilettenpapier	papel *(m)* higiénico [pa**pel** i**chje**niko]
Trinkwasser	agua potable [**a**gua po**ta**wle]
Ventilator	ventilador [bentila**dor**]
Waschbecken	lavabo [la**wa**wo]
waschen	lavar [la**war**]
Waschmaschine	lavadora [lawa**do**ra]
Wasser(verbrauch)	(gastos del) agua [(**gas**tos del) **a**gua]
Wohnmobil	autocaravana [**au**tokara**wa**na]
Wohnwagen	caravana [kara**wa**na]
Zimmermädchen	camarera [kama**re**ra]

Ein Reisgericht macht Furore: Die Paella ist heute weit über die Region Valencia hinaus verbreitet

Essen und Trinken

Wo gibt es hier — **¿Dónde hay por aquí** [**don**de‿ai por‿**aki**]
ein gutes/preiswertes Restaurant — un restaurante bueno/no muy caro [un restau**ran**te **bue**no/no mui **ka**ro]
ein nettes/typisches Lokal — un restaurante acogedor/típico [un restau**ran**te‿akoche**dor**/**ti**piko]
mit regionaler/internationaler Küche? — de cocina regional/internacional? [de ko**θi**na rechio**nal**/interna**θ**io**nal**]

Ich möchte/Wir möchten — **Quería/Queríamos** [ke**ri**a/ke**ri**amos]
frühstücken — desayunar [deßaju**nar**]
mittagessen — almorzar [almor**θar**]
abendessen — cenar [θe**nar**]
eine Kleinigkeit essen — picar algo [pi**kar**‿**al**go]
nur etwas trinken. — sólo beber algo. [**so**lo be**wer**‿**al**go]

Ich möchte einen Tisch bestellen — **Quería reservar una mesa** [ke**ri**a reßer**war** **u**na **me**ßa]
für heute/für morgen abend — para hoy/para mañana por la noche [**pa**ra‿oi/**pa**ra man**ja**na por la **no**tsche]
um 19/20 Uhr — a las diecinueve/veinte horas [a las djeθi**nue**we/**bäin**te‿**o**ras]
für 4/6 Personen — para cuatro/seis personas [**pa**ra **kwa**tro/säis per**ßo**nas]
auf den Namen ... — a nombre de ... [a **nom**bre de]

Ich habe einen Tisch bestellt auf den Namen ... — He reservado una mesa a nombre de ... [e reßer**wa**do **u**na **me**ßa‿a **nom**bre de]

Einen Tisch für zwei/vier Personen bitte! — Una mesa para dos/cuatro personas, por favor. [**u**na **me**ßa **pa**ra dos/**kwa**tro per**ßo**nas por fa**wor**]

Ist dieser Tisch/dieser Platz frei?	¿Esta mesa/Este asiento está libre? [esta **me**ßa/este a**ßjen**to‿**esta li**wre]
Haben Sie Kinderstühle?	¿Tienen sillas altas para niños? [**tje**nen **si**ljas **al**tas **pa**ra **ni**njos]
Wo sind die Toiletten bitte?	¿Dónde están los lavabos, por favor? [**don**de‿**estan** los la**wa**wos por fa**wor**]

Bestellen

Herr Ober!/Bedienung, bitte!	¡Por favor!/¡Oiga, por favor! [por fa**wor**/**oi**ga por fa**wor**]
Die Speisekarte! Die Getränkekarte bitte!	¡La carta/El menú! [la **kar**ta/el me**nu**] La carta de vinos, por favor. [la **kar**ta de **wi**nos por fa**wor**]
* ¿Qué desean?/¿Qué van a tomar? [ke de**ß**e**an**/ke **wan**‿a to**mar**]	Was wünschen Sie?/Was nehmen Sie?
Was empfehlen Sie mir?	¿Qué me recomienda? [ke me reko**mjen**da]
Ich möchte/Ich nehme	**Quería/Tomo** [ke**ri**a/**to**mo]
eine Suppe	una sopa [**u**na **so**pa]
das Tagesgericht	el plato del día [el **pla**to del **di**a]
das Menü Nummer 1/2	el menú número uno/dos [el me**nu** **nu**mero‿**u**no/dos]
das hier	esto [**es**to]
als Vor-/als Haupt-/ als Nachspeise.	de primero/de segundo/de postre. [de pri**me**ro/de se**gun**do/de **pos**tre]
Was sind die für die Region typischen Gerichte?	¿Cuáles son los platos típicos de esta región? [**kwa**les son los **pla**tos **ti**pikos de‿esta re**chjon**]

In Spanien gehen die Uhren anders

Der spanische Lebensrhythmus entspricht nicht ganz dem unserer Breitengrade: So sind die Spanier in der Mehrzahl Frühstücksmuffel; sie versorgen sich lieber vormittags in einer *bar* mit etwas süßem Gebäck zum Kaffee (z. B. mit *donuts, madalenas* oder *croissantes, churros* und *ensaimadas*). Gegen 14 Uhr wird in der Regel das Mittagessen *(almuerzo)* eingenommen, in Restaurants zwischen 13.30 und 15.30 Uhr. Die Mittagsruhe dauert etwa zwei Stunden und wird, wenn möglich, zu einem kurzen Schläfchen *(siesta)* genutzt. Frühestens ab 20 Uhr, in den meisten Familien erst gegen 22 Uhr, gibt es Abendessen *(cena)*. Danach ist Zeit zum Ausgehen – ohne mitternächtliche Sperrstunde. Ein abendlicher Kneipenbummel, der sog. *copeo* („Bechern"), beginnt in der Kneipe um die Ecke *(bar)* mit einem *café solo*. Dann wechselt man in eine *bodega* oder *cervecería*, anschließend vielleicht in ein Musiklokal *(pub)*. Erst nach Mitternacht füllen sich die Diskotheken *(discotecas)*. Die Nacht findet in den frühen Morgenstunden ihr süßes Ende in der *churrería*, einer Konditorei, wo man vor dem Zubettgehen noch warmes Schmalzgebäck, in heiße Schokolade gestippt, genießen kann.

Ich möchte bitte Reis statt Pommes frites.	Prefiero arroz en vez de patatas fritas. [pre**fje**ro‿a**rroθ** en beθ de pa**ta**tas **fri**tas]
Für das Kind/die Kinder bitte	**Para el niño/los niños** [para‿el **ni**njo/los **ni**njos]
eine kleine Portion	una ración pequeña [**u**na ra**θjon** pe**ke**nja]
einen Kinderteller	un plato para niños [un **pla**to **pa**ra **ni**njos]
einen Extrateller	un plato extra [un **pla**to **ex**tra]
ein Extrabesteck.	un cubierto, por favor. [un ku**wjer**to por fa**wor**]
Gibt es ein vegetarisches Gericht?	¿Hay un plato vegetariano? [ai un **pla**to wecheta**rja**no]
Ist dieses Gericht (sehr) scharf/süß/fett?	¿Este plato es (muy) picante/dulce/grasiento? [este **pla**to es (mui) pi**kan**te/**dul**θe/gra**ßjen**to]
* ¿Y para beber? [i **pa**ra be**wer**]	Und zum Trinken?
Für mich/Für die Dame/Für den Herrn	**Para mí/Para la señora/Para el señor** [**pa**ra‿mi/**pa**ra‿la sen**jo**ra/**pa**ra‿el sen**jor**]
ein Bier	una cerveza [**u**na θer**we**θa]
ein Mineralwasser.	un agua mineral. [un‿**a**gua mine**ral**]
Zu trinken möchte ich/möchten wir	**Para beber quería/queríamos** [**pa**ra be**wer** ke**ri**a/ke**ri**amos]
ein Glas	una copa [**u**na **ko**pa]
eine Flasche	una botella [**u**na bo**te**lja]
ein Viertel	un cuarto de litro [un **kwar**to de **li**tro]
einen halben/einen Liter	medio/un litro [**me**dio/un **li**tro]
Rotwein/Weißwein, bitte.	de vino tinto/vino blanco, por favor. [de **wi**no **tin**to/**wi**no **blan**ko **por** fa**wor**]
Wir nehmen den Hauswein/einen Tischwein.	Tomamos el vino de la casa/un vino de mesa. [to**ma**mos el **wi**no de la **ka**ßa/un **bi**no de **me**ßa]
* ¿Desean algo más? [de**ße**an **al**go mas]	Möchten Sie noch etwas?
Nein danke, das ist alles.	No gracias, es todo. [no **gra**θias es **to**do]
Kann ich noch ... haben?	**¿Me puede traer ...** [me **pue**de tra**er**]
etwas Brot	más pan [mas pan]
ein Bier	otra cerveza? [**o**tra θer**we**θa]
Guten Appetit!	¡Buen provecho!/¡Que aproveche! [bu**en** pro**we**tscho/ke‿apro**we**tsche]
Prost!/Auf Ihr Wohl!	¡Salud! [sa**lu**]
Darf ich rauchen?	¿Puedo fumar? [**pue**do fu**mar**]

Reklamieren

Das habe ich nicht bestellt!	¡Yo no he pedido eso! [jo no e pe**di**do‿eßo]
Haben Sie ... vergessen?	**¿Se ha olvidado** [se‿a‿olwi**da**do]
mein Essen	de mi plato [de mi **pla**to]
mein Getränk	de mi bebida? [de mi be**wi**da]

Es fehlt noch	**Falta** [**fal**ta]
ein Besteck	un cubierto [un ku**wjer**to]
ein Messer	un cuchillo [un ku**tschi**ljo]
eine Gabel	un tenedor [un tene**dor**]
ein Löffel/ein kleiner Löffel	una cuchara/una cucharita [**u**na ku**tscha**ra/**u**na kutscha**ri**ta]
ein Teller	un plato [un **pla**to]
ein Glas	*(Wasser-)* un vaso; *(Wein-)* una copa [un **ba**ßo/**u**na **ko**pa]
der Aschenbecher.	el cenicero. [el θeni**θe**ro]
Bringen Sie uns bitte noch	**¡Tráiganos por favor** [**trai**ganos por fa**wor**]
Essig und Öl	aceite y vinagre [a**θäi**te‿i wi**na**gre]
Salz und Pfeffer	sal y pimienta [sal i pi**mjen**ta]
Servietten	unas servilletas [**u**nas serwi**lje**tas]
Zahnstocher!	unos palillos! [**u**nos pa**li**ljos]
Es tut mir leid, aber	**Lo siento, pero** [lo **sjen**to **pe**ro]
die Suppe/das Essen ist kalt	la sopa/la comida está fría [la **so**pa/la ko**mi**da‿**esta fri**a]
das Fleisch ist zäh/ist nicht durch.	la carne está dura/no está bien pasada. [la **kar**ne‿**esta du**ra/no‿**esta** bjen pa**ßa**da]
Ich glaube, die Rechnung stimmt nicht.	Creo que la cuenta no está correcta. [**kre**o ke la **kuen**ta no‿**esta** kor**rek**ta]
Was ist das?	¿Qué es esto? [ke‿es **es**to]
Das habe ich nicht gehabt!	¡Yo no he tomado eso! [jo no‿e to**ma**do‿**e**ßo]

Bezahlen

Zahlen/Die Rechnung bitte!	¡La cuenta, por favor! [la **kuen**ta por fa**wor**]
Ich zahle alles zusammen.	Pago todo junto. [**pa**go **to**do **chun**to]
Wir zahlen getrennt.	¡Cuentas separadas por favor! [**kuen**tas sepa**ra**das por fa**wor**]
Ich möchte eine Quittung, bitte.	¿Me da un recibo, por favor? [me‿da‿un re**θi**wo por fa**wor**]
* ¿Le *(Sing)*/Les *(Pl)* ha gustado la comida? [le/les a gu**sta**do la ko**mi**da]	Hat es Ihnen geschmeckt?
Ja, es war sehr gut.	Sí, estaba muy rica. [si e**sta**wa mui **ri**ka]
Das ist für Sie.	Para usted. [**pa**ra‿u**ste**]
Stimmt so!	Está bien así. [**esta** bjen a**ßi**]

Wenn's ans Zahlen geht

In Spanien ist es nicht üblich, getrennt zu bezahlen. Entweder man lädt sich gegenseitig ein oder jeder gibt seinen (ungefähren) Anteil an der Gesamtrechnung. Das Trinkgeld *(propina)* – als Faustregel: 10 % der Rechnungssumme – läßt man anders als bei uns einfach auf dem Tisch liegen.

Die Speisekarte

Desayuno	**Frühstück**
café *(m)* [ka**fe**]	Kaffee
con leche *(f)* [kon **le**tsche]	mit Milch
con azúcar *(m)* [kon a**θu**kar]	mit Zucker
con sacarina [kon saka**ri**na]	mit Süßstoff
cortado [kor**ta**do]	kleiner Milchkaffee
descafeinado [deskafäi**na**do]	koffeinfrei
solo [**so**lo]	schwarz
chocolate *(m)* [tschoko**la**te]	heiße Schokolade
croissant *(m)* [kroa**ßant**]	Croissant
embutido [embu**ti**do]	(Aufschnitt-)Wurst
huevo frito [**ue**wo **fri**to]	Spiegelei
huevo pasado por agua [**ue**wo pa**ßa**do por‿agua]	weiches Ei
huevo revuelto [**ue**wo re**wuel**to]	Rührei
con jamón [kon cha**mon**]	mit Speck
infusión *(f)* [infu**ßjon**]	Kräutertee
jamón *(m)* serrano [cha**mon** ser**ra**no]	roher Schinken
jamón *(m)* York [cha**mon** jork]	gekochter Schinken
leche *(f)* (caliente/fría) [**le**tsche (kal**jen**te/**fri**a)]	(warme/kalte) Milch
mantequilla [mante**ki**lja]	Butter
margarina [marga**ri**na]	Margarine
mermelada [merme**la**da]	Marmelade
miel *(f)* [mjel]	Honig
müsli *(m)* [**mü**ßli]	Müsli
pan *(m)* [pan]	Brot
pan *(m)* integral [pan inte**gral**]	Vollkornbrot
panecillo [pane**θi**ljo]	Brötchen
queso [**ke**ßo]	Käse
té *(m)* (con limón) [te (kon li**mon**)]	Tee (mit Zitrone)
tortilla [tor**ti**lja]	Omelett
yogur *(m)* [jo**gur**]	Joghurt
natural/de fruta [natu**ral**/de **fru**ta]	weiß/mit Früchten
zumo de naranja [**θu**mo de na**ran**cha]	Orangensaft
Snacks	**Kleine Mahlzeiten**
bocadillo/sandwich *(m)* [boka**di**ljo/**sand**witsch]	belegtes Brötchen/Sandwich
de jamón *(m)* (York) [de cha**mon** (jork)]	mit (gekochtem) Schinken
de jamón *(m)* serrano [de cha**mon** ser**ra**no]	mit rohem Schinken
de queso/salchicha [de **ke**ßo/sal**tschi**tscha]	mit Käse/Wurst
de salchichón [de saltschi**tschon**]	mit Salami
hamburguesa [ambur**ge**ßa]	Hamburger
patatas fritas [pa**ta**tas **fri**tas]	Pommes frites
con ketchup [kon **ke**tschup]	mit Ketchup
con mayonesa [kon majo**ne**ßa]	mit Mayonnaise
perro caliente [**pe**rro kal**jen**te]	Hot dog
tortilla [tor**ti**lja]	Omelett
de patatas [de pa**ta**tas]	spanisches Kartoffelomelett

Entremeses/Tapas	**Vorspeisen/Häppchen**
aceitunas [aθäi**tu**nas]	Oliven
verdes/negras [**ber**des/**ne**gras]	grüne/schwarze
albóndigas [al**bon**digas]	Fleischbällchen
almejas [al**me**chas]	Venusmuscheln
almendras [al**men**dras]	Mandeln
boquerones [boke**ro**nes]	Sardellen
champiñones rellenos [tschampi**njo**nes re**lje**nos]	gefüllte Champignons
chorizo [tscho**ri**θo]	Paprikawurst
ensaladilla rusa [ensala**di**lja **ru**ßa]	russischer Salat
gambas (al ajillo) [**gam**bas (al a**chi**ljo)]	Garnelen (in Knoblauchöl)
pinchos [**pin**tschos]	Fleischspießchen
salpicón *(m)* de marisco [salpi**kon** de ma**ris**ko]	Meeresfrüchtesalat
fritos/en vinagre [**fri**tos/em‿bi**na**gre]	fritiert/in Essig und Öl
tortilla de patatas [tor**ti**lja de pa**ta**tas]	spanisches Kartoffelomelett

Sopas	**Suppen**
caldo [**kal**do]	Bouillon
gazpacho (andaluz) [gaθ**pa**tscho (anda**luθ**)]	kalte Gemüsesuppe
sopa de ajo [**so**pa de‿**a**cho]	Knoblauchsuppe
sopa de almendras [**so**pa de‿al**men**dras]	Mandelsuppe
sopa de fideos [**so**pa de fi**de**os]	Nudelsuppe
sopa de mariscos [**so**pa de ma**ris**kos]	Meeresfrüchtesuppe
sopa de pescado [**so**pa de pes**ka**do]	Fischsuppe
sopa juliana [**so**pa chu**lja**na]	Gemüsesuppe

Pescados y mariscos	**Fische und Meeresfrüchte**
almejas [al**me**chas]	Venusmuscheln
anguila [an**gi**la]	Aal
angulas [an**gu**las]	Glasaal
arenque *(m)* [a**ren**ke]	Hering
atún [a**tun**]	Thunfisch
bacalao [baka**lao**]	Kabeljau/Stockfisch
besugo [be**ßu**go]	Brasse
bogavante *(m)* [boga**wan**te]	Hummer
caballa [ka**wa**lja]	Makrele
calamares [kala**ma**res]	Tintenfisch
en su tinta [en su **tin**ta)]	in eigener Soße
cangrejo [kan**gre**cho]	Krebs
carpa [**kar**pa]	Karpfen
dorada [do**ra**da]	Goldbarsch
gambas [**gam**bas]	Garnelen
langostinos [langos**ti**nos]	Riesengarnelen
lenguado [len**gua**do]	Seezunge
mejillones [mechi**ljo**nes]	Miesmuscheln
merluza [mer**lu**θa]	Seehecht
ostras [**os**tras]	Austern
paella (valenciana) [pa**e**lja (walen**θja**na)]	Reisgericht mit Meeresfrüchten
parrillada de pescado [pari**lja**da de pes**ka**do]	Fischplatte, gegrillt
pescadilla [peska**di**lja]	junger Seehecht

pez espada [peθ es**pa**da]	Schwertfisch
pulpo [**pul**po]	(großer) Tintenfisch
rape *(m)* [**ra**pe]	Seeteufel
salmón *(m)* [sal**mon**]	Lachs
sardinas [sar**di**nas]	Sardinen
trucha [**tru**tscha]	Forelle
vieiras [bi**ä**iras]	Jakobsmuscheln
zarzuela de marisco [θar**θue**la de ma**ris**ko]	Meeresfrüchteeintopf
zarzuela de pescado [θar**θue**la de pes**ka**do]	gemischte Fischpfanne
Carne	**Fleisch(gerichte)**
asado [a**ßa**do]	Braten
bistec *(m)* [bis**tek**]	Beefsteak
cabrito [ka**wri**to]	Zicklein
callos [**ka**ljos]	Kutteln
carne *(f)* [**kar**ne]	Fleisch
de cerdo [de **θer**do]	Schweinefleisch
de vaca [de **wa**ka]	Rindfleisch
picada [pi**ka**da]	Hackfleisch
cazuela de lentejas [ka**θue**la de len**te**chas]	Linseneintopf mit Paprikawurst
chorizo [tscho**ri**θo]	Paprikawurst
chuleta [tschu**le**ta]	Kotelett
cocido [ko**θi**do]	Eintopf mit Fleisch und Gemüse
cochinillo [kotschi**ni**ljo]	Spanferkel
conejo [ko**ne**cho]	Kaninchen
cordero [kor**de**ro]	Lamm/Hammel
empanada [empa**na**da]	(Fleisch-)Pastete
escalope *(m)* [eska**lo**pe]	Schnitzel
a la milanesa [a la mila**ne**ßa]	Wiener Schnitzel
estofado [esto**fa**do]	Ragout/Schmorfleisch in Soße
fabada asturiana [fa**wa**da asturi**a**na]	Bohneneintopf mit Fleisch
filete *(m)* [fi**le**te]	Filet/Steak
a la inglesa [a la‿in**gle**ßa]	blutig
bien pasado [bjen pa**ßa**do]	gut durch
poco pasado [**po**ko pa**ßa**do]	medium
hígado [**i**gado]	Leber
lomo [**lo**mo]	Lende
lomo de corzo [**lo**mo de **kor**θo]	Rehrücken
parrillada de carne [pari**lja**da de **kar**ne]	Grillteller
pierna de cordero [**pjer**na de kor**de**ro]	Lammkeule
pinchos [**pin**tschos]	Fleischspieße
rosbif *(m)* [**ros**bif]	Roastbeef
solomillo [solo**mi**ljo]	Filet/Lende
ternera [ter**ne**ra]	Kalbfleisch
Aves	**Geflügel**
codorniz *(f)* [kodor**niθ**]	Wachtel
faisán *(m)* [fai**ßan**]	Fasan
pato [**pa**to]	Ente

pavo [**pa**wo]	Truthahn
pechuga de pollo [pe**tschu**ga de **po**ljo]	Hühnerbrust
pollo [**po**ljo]	Hähnchen
Guarnición	**Beilagen**
arroz [a**rroθ**]	Reis
croquetas [kro**ke**tas]	Kroketten
macarrones [maka**rro**nes]	Makkaroni/Nudeln
pan/panecillos [pan/pane**θi**ljos]	Brot/Brötchen
pastas [**pa**stas]	Nudeln/Teigwaren
patatas [pa**ta**tas]	Kartoffeln
patatas fritas [pa**ta**tas **fri**tas]	Pommes frites
Ensalada y Verduras	**Salat und Gemüse**
alcachofas [alka**tscho**fas]	Artischocken
berenjenas [beren**che**nas]	Auberginen
brócoli *(m)* [**bro**koli]	Brokkoli
calabacines *(m)* [kalawa**θi**nes]	Zucchini
cebolla [θe**wo**lja]	Zwiebel
coliflor *(m)* [koli**flor**]	Blumenkohl
ensalada (mixta) [ensa**la**da (**mix**ta)]	(gemischter) Salat
espárragos [es**pa**rragos]	Spargel
espinacas [espi**na**kas]	Spinat
guisantes *(m)* [gi**ßan**tes]	Erbsen
judías blancas [chu**di**as **blan**kas]	weiße Bohnen
judías verdes [chu**di**as **wer**des]	grüne Bohnen
lechuga [le**tschu**ga]	Kopfsalat
lentejas [len**te**chas]	Linsen
pepino [pe**pi**no]	Gurke
pimiento [pi**mjen**to]	Paprikaschote
pisto manchego [**pi**sto man**tsche**go]	Gemüseeintopf aus der Mancha
setas [**se**tas]	Pilze
Quesos	**Käse**
manchego [man**tsche**go]	Schafskäse aus der Mancha
queso azul [**ke**ßo‿a**θul**]	Blauschimmelkäse
queso de cabra [**ke**ßo de **ka**wra]	Ziegenkäse
queso de oveja [**ke**ßo de‿o**we**cha]	Schafskäse
requesón [reke**ßon**]	Quark/Frischkäse
Postres/Dulces	**Desserts/Süßspeisen**
churros [**tschu**rros]	fritiertes Spritzgebäck
crema catalana [**kre**ma kata**la**na]	Eier-Vanille-Creme
flan *(m)* [flan]	Karamelpudding
macedonia [maθe**do**nia]	Obstsalat
natillas [na**ti**ljas]	Puddingcreme
tarta de manzanas [**tar**ta de man**θa**nas]	Apfelkuchen
tocino de cielo [to**θi**no de **θje**lo]	„Himmelsspeckchen“ (Süßspeise aus Zucker und Eigelb)
torta de almendras [**tor**ta de‿al**men**dras]	Mandeltorte
turrón *(m)* [tu**rron**]	Mandelnougat (Weihnachtsspezialität)

▶ (Obst siehe Einkaufen, S. 62 f.)

Helados	**Eis**
café helado [kafe‿elado]	Eiskaffee
helado [e**la**do]	Eis
de chocolate [de tschoko**la**te]	Schokoladen-
de fresa [de **fre**ßa]	Erdbeer-
de limón [de li**mon**]	Zitronen-
de nuez [de nu**eθ**]	Walnuß-
de vainilla [de wai**ni**lja]	Vanille-
helado variado [e**la**do war**ja**do]	gemischtes Eis
con frutas [kon **fru**tas]	mit Früchten
con nata [kon **na**ta]	mit Sahne

Die Getränkekarte

Bebidas alcohólicas	**Alkoholische Getränke**
aguardiente *(m)* [aguar**djen**te]	Schnaps
aperitivo [aperi**ti**wo]	Aperitif
caña [**ka**nja]	kleines Bier
cava *(m)* [**ka**wa]	Sekt
cerveza (de barril) [θer**we**θa (de ba**rril**)]	(Faß-)Bier
champán *(m)* [tscham**pan**]	Champagner
ginebra [chi**ne**wra]	Gin
jerez *(m)* [che**reθ**]	Sherry
Málaga *(m)* [**ma**laga]	Dessertwein
moscatel *(m)* [moska**tel**]	Muskateller
ponche *(m)* [**pon**tsche]	Punsch
ron *(m)* [ron]	Rum
sangría [san**gri**a]	spanische Rotweinbowle mit Früchten
vino [**bi**no]	Wein
blanco [**blan**ko]	Weißwein
rosado [ro**ßa**do]	Rose
tinto [**tin**to]	Rotwein
dulce [**dul**θe]	süß
seco/semiseco [**se**ko/semi**ße**ko]	trocken/halbtrocken

Refrescos	**Erfrischungsgetränke**
agua mineral [**a**gua mine**ral**]	Mineralwasser
con/sin gas [kon/sin gas]	mit/ohne Kohlensäure
batido de leche [ba**ti**do de **le**tsche]	Milchmixgetränk
gaseosa [gaße**o**ßa]	Limonade
horchata [or**tscha**ta]	Erdmandelmilch
limonada [limo**na**da]	Limonade
naranjada [naran**cha**da]	Orangenlimonade
tónica [**to**nika]	Tonic
zumo de fruta [**θu**mo de **fru**ta]	Fruchtsaft
zumo de naranja [**θu**mo de na**ran**cha]	Orangensaft

▶ (Warme Getränke siehe Frühstück, S. 44.)

Von Ostern bis Oktober hat der Stierkampf (corrida de toros) Saison. Die Arena von Mijas ist eine unter vielen in Andalusien

Besichtigung

Touristeninformation

Gibt es hier	**¿Hay por aquí** [ai por‿a**ki**]
ein Fremdenverkehrsamt	una oficina de turismo [**u**na‿ofi**θi**na de tu**ri**smo]
eine Informationsstelle	una información [**u**na‿informa**θjon**]
organisierte Führungen	visitas guiadas [bi**ßi**tas gi**a**das]
Stadtrundfahrten?	excursiones? [exkur**ßjo**nes]
Haben Sie	**¿Tiene usted** [**tje**ne‿us**te**]
einen Stadtplan	un plano de la ciudad [un **pla**no de la θiu**da**]
eine Karte der Innenstadt/der Umgebung	un mapa del centro/de los alrededores [un **ma**pa del **θen**tro/de los alrede**do**res]
einen U-Bahnplan	un plano del metro [un **pla**no del **me**tro]
Prospektmaterial	folletos [fo**lje**tos]
ein Hotelverzeichnis	una lista de hoteles [**u**na **li**sta de‿o**te**les]
ein Restaurantverzeichnis	una lista de restaurantes [**u**na **li**sta de restau**ran**tes]
einen Veranstaltungskalender	un calendario de actos [un kalen**da**rio de‿**ak**tos]
für diese Woche/für die Festwoche(n)?	para esta semana/para la(s) fiesta(s)? [**pa**ra **e**sta se**ma**na/**pa**ra la(s) **fje**sta(s)]
Können Sie für mich ein Zimmer reservieren?	¿Me puede reservar un cuarto? [me **pue**de reßer**war** un **kwar**to]
Welche Sehenswürdigkeiten gibt es hier?	¿Qué monumentos hay para visitar aquí? [ke monu**men**tos ai **pa**ra wißi**tar** a**ki**]

Besichtigung

Altar	altar *(m)* [al**tar**]
Altstadt	centro histórico [**θen**tro‿is**to**riko]
Amphitheater	anfiteatro [anfite**a**tro]
antik	antiguo [an**ti**guo]
Architektur	arquitectura [arkitek**tu**ra]
Arena	arena [a**re**na]
Ausgrabungen	excavaciones *(f)* [exkawa**θjo**nes]
Aussicht	vista [**bi**sta]
Aussichtspunkt	mirador *(m)* [mira**dor**]
barock	barroco [ba**rro**ko]
Basilika	basílica [ba**ßi**lika]
Berg	montaña [mon**ta**nja]
Bibliothek	biblioteca [biblio**te**ka]
Bild	cuadro/pintura [**kwa**dro/pin**tu**ra]
Botanischer Garten	jardín *(m)* botánico [char**din** bo**ta**niko]
Brücke	puente *(m)* [**puen**te]
Burg	castillo [ka**sti**ljo]
christlich	cristiano [kri**stja**no]
Dach	techo [**te**tscho]
Denkmal	monumento [monu**men**to]
Epoche	época [**e**poka]
Fassade	fachada [fa**tscha**da]
Festung	fortaleza/ciudadela [forta**le**θa/θiuda**de**la]
Fremdenführer(in)	guía (m/f) [**gi**a]
Friedhof	cementerio [θemen**te**rio]
Garten	jardín *(m)* [char**din**]
Gasse	callejón *(m)* [kalje**chon**]
Gebäude	edificio [edi**fi**θjo]
Gedenkstätte	monumento [monu**men**to]
Gemälde(galerie)	(galería de) pinturas [(gale**ri**a de) pin**tu**ras]
Glas	vidrio/cristal *(m)* [**bi**drio/kri**stal**]
gotisch	gótico [**go**tiko]
Grab(mal)	tumba/sepulcro [**tum**ba/se**pul**kro]
Grotte/Höhle	cueva [**kue**wa]
Hafen	puerto [**puer**to]
Hof	patio [**pa**tio]
Inschrift	inscripción *(f)* [inskrip**θjon**]
Insel	isla [**iß**la]
Jahrhundert	siglo [**si**glo]
Kaiser	emperador [empera**dor**]
Kaiserin	emperatriz [empera**triθ**]
Kapelle	capilla [ka**pi**lja]
keltisch	céltico [**θel**tiko]
Keramik	cerámica [θe**ra**mika]

Kloster	monasterio/convento [mona**ste**rio/kon**wen**to]
König	rey [räi]
Königin	reina [**räi**na]
Kopie	copia [**ko**pia]
Kreuz	cruz *(f)* [kruθ]
Künstler(in)	artista *(m/f)* [ar**ti**sta]
Kunst	arte *(f)* [**ar**te]
Kunstgewerbe	artesanato [arteßa**na**to]
Landschaft	paisaje *(m)* [pai**ßa**che]
Malerei	pintura [pin**tu**ra]
Malerin	pintora [pin**to**ra]
Markt	mercado [mer**ka**do]
maurisch	moro [**mo**ro]
mittelalterlich	medieval [medie**wal**]
Moschee	mezquita [meθ**ki**ta]
Nationalpark	parque nacional [**par**ke naθio**nal**]
Naturschutzgebiet	reserva natural/reserva ecológica [re**ßer**wa natu**ral**/re**ßer**wa‿ekolo**chi**ka]
Orgel	órgano [**or**gano]
Original	original *(m)* [orichi**nal**]
Park	parque *(m)* [**par**ke]
Platz	plaza [**pla**θa]
prähistorisch	prehistórico [präi**sto**riko]
Rathaus	ayuntamiento [ajunta**mjen**to]
Relief	relieve *(m)* [re**lje**we]
Renaissance	renacimiento [renaθi**mjen**to]
romanisch	románico [ro**ma**niko]
Ruine	ruina [ru**i**na]
Rundblick	panorama [pano**ra**ma]
Schlucht	barranco [ba**rran**ko]
See	lago [**la**go]
Skulptur	escultura [eskul**tu**ra]
Stadtmauer	muralla [mu**ra**lja]
Statue	estatua [e**sta**tua]
Stierkampfarena	plaza de toros [**pla**θa de **to**ros]
Stil	estilo [e**sti**lo]
Synagoge	sinagoga [sina**go**ga]
Tal	valle *(m)* [**ba**lje]
Tempel	templo [**tem**plo]
Theater	teatro [te**a**tro]
Tor	puerta [**puer**ta]
Turm	torre *(f)* [**to**rre]
Wald	bosque *(m)* [**bos**ke]
Wasserfall	cascada [ka**ska**da]
Weinkeller	bodega [bo**de**ga]
Zoo	parque zoológico [**par**ke θoo**lo**chiko]

Sehenswertes

Ich möchte/Wir möchten ... besichtigen.	**Quería/Queríamos visitar** [ke**ri**a/ke**ri**amos wisi**tar**]
die Kathedrale	la catedral [la kate**dral**]
die Kirche	la iglesia [la‿**i**g**le**ßia]
den Palast	el palacio [el pa**la**θio]
das Schloß	el castillo. [el kas**ti**ljo]
Wann ist die Ausstellung geöffnet?	¿Cuándo está abierta la exposición? [**kwan**do‿es**ta**‿a**wjer**ta la‿exposi**θjon**]
Wann schließt das Museum?	¿Cuándo cierra el museo? [**kwan**do **θje**rra‿el mu**ße**o]
Gibt es eine (deutsche/englische) Führung?	¿Hay una visita guiada (en alemán/en inglés)? [ai‿**u**na wi**ßi**ta gi**a**da (en ale**man**/en in**gleß**)]
Wann beginnt/Was kostet sie?	¿Cuándo empieza?/¿Cuánto cuesta? [**kwan**do‿em**pje**θa/**kwan**to **kue**sta]
Wie lange dauert sie?	¿Cuánto tiempo dura? [**kwan**to **tjem**po **du**ra]
1/2 Karte(n) bitte, für Erwachsene/Kinder.	Una/Dos entrada para adultos/niños, por favor. [una/dos en**tra**da **pa**ra‿a**dul**tos/**ni**njos por fa**wor**]
Gibt es eine Ermäßigung für Kinder/Studenten/Senioren?	¿Hay un descuento para niños/estudiantes/la tercera edad? [ai‿un des**kuen**to **pa**ra **ni**njos/estu**djan**tes/la ter**θe**ra‿e**da**]
* ¡Prohibido fotografiar! [proi**wi**do fotogra**fjar**]	Fotografieren verboten!
Darf ich hier filmen?	¿Puedo filmar aquí? [**pue**do fil**mar** a**ki**]
Haben Sie einen Katalog/einen Führer in deutscher/englischer Sprache?	¿Tiene un catálogo/una guía en alemán/en inglés? [**tje**ne un ka**ta**logo/**u**na **gi**a en ale**man**/en in**gleß**]

Ausflüge

Wieviel kostet die Fahrt nach ...?	¿Cuánto cuesta la excursión a ...? [**kwan**to **kue**sta la‿exkur**ßjon** a]
Ist das Essen/Sind die Eintrittspreise extra zu bezahlen?	¿Hay que pagar la comida/las entradas aparte? [ai ke pa**gar** la ko**mi**da/las en**tra**das a**par**te]
Bitte 2 Plätze für den Ausflug nach ...	**Dos billetes para la excursión a ...** [dos bi**lje**tes **pa**ra la‿exkur**ßjon** a]
heute/morgen/um 10 Uhr.	hoy/mañana/a las diez. [oi/ma**nja**na/a las djeθ]
Wann/Wo ist der Treffpunkt?	¿A qué hora/Dónde nos encontramos? [a ke‿**o**ra/**don**de nos enkon**tra**mos]
Wann kommen wir zurück?	¿Cuándo regresamos? [**kwan**do regre**ßa**mos]
Haben wir	**¿Tenemos** [te**ne**mos]
freie Zeit zur Verfügung	algún tiempo libre [al**gun** **tjem**po **li**wre]
Zeit für Einkäufe?	tiempo para hacer compras? [**tjem**po **pa**ra‿a**θer** **kom**pras]
Besichtigen wir auch ...?	¿Visitamos también ...? [bißi**ta**mos tam**bjen**]

Nicht nur an der Costa Brava (in der Bucht von Aiguablava) kommen Segler auf ihre Kosten

Urlaub aktiv

Am Strand, im Schwimmbad

Gibt es hier — **¿Hay por aquí** [ai por‿**a**ki]
ein Freibad/ein Hallenbad — una piscina/una piscina cubierta [**u**na pis**θina**/**u**na pis**θ**ina ku**wjer**ta]
einen Bootsverleih? — barcas para alquilar? [**bar**kas **para**‿alki**lar**]

Ist es weit zum Strand? — ¿Está lejos la playa? [es**ta** **le**chos la **pla**ja]

Wann ist Ebbe/Flut? — ¿A qué hora tenemos marea baja/marea alta? [a ke‿**o**ra te**ne**mos ma**re**a **ba**cha/ma**re**a‿**al**ta]

Ist die Strömung (für Kinder) gefährlich? — ¿La corriente es peligrosa (para los niños)? [la ko**rrjen**te‿es peli**gro**ßa (**pa**ra los **ni**njos)]

Gibt es Quallen/Seeigel im Wasser? — ¿Hay medusas/erizos de mar? [ai me**du**ßas/e**ri**θos de mar]

Ich möchte/Wir möchten ... mieten. — **Quería/Queríamos alquilar** [ke**ri**a/ke**ri**amos alki**lar**]
ein Tret-/Ruderboot — una barca de pedales/de remos [**u**na **bar**ka de pe**da**les/de **re**mos]
ein Motorboot/ein Segelboot — una lancha motora/un barco de vela [**u**na **lan**tscha mo**to**ra/**u**n **bar**ko de **we**la]
einen Liegestuhl — una tumbona [**u**na tum**bo**na]
einen Sonnenschirm — una sombrilla [**u**na som**bri**lja]
ein Surfbrett — una tabla de surf [**u**na **taw**la de sörf]
Wasserski — esquís náuticos. [es**kis** **nau**tikos]

Was kostet das — **¿Cuánto cuesta** [**kwan**to **kues**ta]
pro (halbe) Stunde — por (media) hora [por (**me**dia) **o**ra]
pro Tag — por día [por **di**a]
pro Woche? — por semana? [por se**ma**na]

Warnschilder

¡Aviso de tempestad!	Sturmwarnung
¡Peligro!	Gefahr
¡Prohibido bañarse!	Baden verboten!
¡Prohibido saltar al agua!	Springen verboten!
¡Sólo para nadadores!	Nur für Schwimmer!

Gibt es hier	**¿Hay por aquí** [ai por‿**a**ki]
Segelschulen	escuelas de navegación a vela [es**kue**las de nawega**θjon** a **we**la]
Surfschulen	escuelas de surf [es**kue**las de sörf]
Tauchkurse?	escuelas de buceo? [es**kue**las de bu**θeo**]
Ich bin Anfänger(in)/Fortgeschrittene/r.	Soy principiante/avanzado (-a). [soi prinθi**pjan**te/awan**θa**do (-a)]

Sportarten

Gibt es hier	**¿Hay por aquí** [ai por‿**a**ki]
einen (Mini-)Golfplatz	un campo de (mini-)golf [un **kam**po de (**mi**ni)golf]
einen Tennisplatz?	una pista de tenis? [**u**na **pi**sta de **te**nis]
Wo kann man hier	**¿Dónde se puede** [**don**de se **pue**de]
Fahrräder mieten	alquilar bicicletas [alki**lar** biθi**kle**tas]
kegeln	jugar a los bolos [chu**gar** a los **bo**los]
reiten	montar a caballo [mon**tar** a ka**wa**ljo]
Squash spielen	jugar al squash [chu**gar** al skwasch]
Tischtennis spielen?	jugar al ping-pong? [chu**gar** al ping pong]
Wo kann ich hier einen ... belegen?	**¿Dónde puedo hacer aquí** [**don**de **pue**do‿a**θer** a**ki**]
Tenniskurs	un curso de tenis [un **kur**ßo de **te**nis]
Skikurs	un curso de esquí? [un **kur**ßo de‿es**ki**]
Kann man hier angeln/baden?	¿Aquí se puede pescar con caña/bañarse? [a**ki** se **pue**de pes**kar** kon **ka**nja/ba**njar**se]
Ich möchte/Wir möchten ... ausleihen.	**Quería/Queríamos alquilar** [ke**ri**a/ke**ri**amos alki**lar**]
Schlittschuhe	patines [pa**ti**nes]
einen Tennisschläger	una raqueta de tenis. [**u**na ra**ke**ta de **te**nis]
Ich möchte einen Skipaß für einen Tag/einen halben Tag/eine Woche.	Quería un pase para el telesquí para un día/medio día/una semana. [ke**ri**a‿un **pa**ße **pa**ra‿el tele**ski** **pa**ra‿un **di**a/**me**dio **di**a/**u**na se**ma**na]
Spielen Sie Schach?	¿Usted juega al ajedrez? [**us**te **chue**ga‿al ache**dreθ**]
Kann ich mitspielen?	¿Puedo jugar yo también? [**pue**do chu**gar** jo tam**bjen**]

Ich möchte/Wir möchten ... sehen.	**Quería/Queríamos ver** [ke**ri**a/ke**ri**amos wer]
das Fußballspiel	el partido de fútbol [el par**ti**do de **fut**bol]
den Wettkampf	la competición [la kompeti**θjon**]
die Regatta	la regata. [la re**ga**ta]
Wann beginnt das Spiel/das Rennen?	¿Cuándo comienza el juego/la carrera? [**kwan**do ko**mjen**θa‿el **chue**go/la ka**rre**ra]
Wo findet es statt?	¿Dónde tiene lugar? [**don**de **tje**ne lu**gar**]

Urlaub aktiv

Ball	pelota; *(groß)* balón *(m)* [pe**lo**ta/ba**lon**]
Basketball	baloncesto [balon**θe**sto]
Billiard	billar *(m)* [bi**ljar**]
Bucht	bahía [ba**i**a]
Federball	badmintón *(m)* [badmin**ton**]
Fitneßcenter	gimnasio [chim**na**ßio]
Gymnastik	gimnasia [chim**na**ßia]
Jogging	footing *(m)* [**fu**ting]
Lawine	avalancha [awa**lan**tscha]
Loipe	pista de fondo [**pi**sta de **fon**do]
Muschel	concha [**kon**tscha]
Pferd	caballo [ka**wa**ljo]
Pony	poney *(m)* [**po**ni]
Sauna	sauna [**sau**na]
Schatten	sombra [**som**bra]
Schlauchboot	bote neumático *(m)* [**bo**te näu**ma**tiko]
Schlitten	trineo [tri**ne**o]
Schnee	nieve *(f)* [**nje**we]
schnorcheln	bucear con tubo respirador [bu**θear** kon **tu**wo respira**dor**]
Schwimmflossen	aletas [a**le**tas]
Schwimmflügel	flotadores *(m/Pl)* [flota**do**res]
Sonnencreme	crema solar [**kre**ma so**lar**]
Spielplatz	parque *(m)* infantil [**par**ke‿infan**til**]
Sport	deporte *(m)* [de**por**te]
Stadion	estadio [es**ta**dio]
Sturm	tempestad *(f)* [tempes**ta**]
Taucherausrüstung	equipo de bucear [e**ki**po de bu**θear**]
Umkleidekabine	caseta de baños [ka**ße**ta de **ba**njos]
Volleyball	balónvolea *(m)* [balonwo**le**a]
Wassertemperatur	temperatura del agua [tempera**tu**ra del‿**a**gua]
Welle	ola [**o**la]

Natur, Umwelt, Erlebnisreisen

Wir möchten	**Queríamos** [keriamos]
radwandern	hacer excursiones en bicicleta [a**θer** exkur**ßjon**es en biθi**kle**ta]
eine Bergtour machen	hacer una excursión por la montaña [a**θer** **u**na exkur**ßjon** por la mon**ta**nja]
wandern.	hacer excursiones a pie. [a**θer** exkur**ßjo**nes a pje]
Haben Sie	**¿Tiene *(Sing)*/Tienen *(Pl)*** [**tje**ne/**tje**nen]
eine Wanderkarte	un mapa de excursiones [un **ma**pa de‿exkur**ßjo**nes]
eine Radwanderkarte?	un mapa de excursiones en bicicleta? [un **ma**pa de‿exkur**ßjo**nes en biθi**kle**ta]
Gibt es Tourenvorschläge für diese Region?	¿Hay itinerarios elaborados para esta región? [ai‿itine**ra**rios elawo**ra**dos **pa**ra‿esta re**chjon**]
Ist die Tour	**¿El itinerario está** [el itine**ra**rio‿**esta**]
gut markiert	bien señalado [bjen senja**la**do]
für Kinder geeignet?	apto para niños? [**ap**to **pa**ra **ni**njos]
Wieviele Kilometer/Wieviele Stunden sind es?	¿Cuántos kilómetros/Cuántas horas son? [**kwan**tos ki**lo**metros/**kwan**tas **o**ras son]
Wo finde ich einen Bergführer?	¿Dónde encuentro un guía de montaña? [**don**de‿en**kuen**tro‿un **gi**a de mon**ta**nja]
Ist dies der richtige Weg nach ...?	¿Es el camino para ...? [es el ka**mi**no **pa**ra]
Wie weit ist es noch bis ...?	¿Falta mucho para ...? [**fal**ta **mu**tscho **pa**ra]

Reisen kreativ

Ich möchte ... belegen.	**Quería inscribirme a** [keria inski**wir**me‿a]
einen Sprach-/Spanischkurs	un curso de lenguas/de español [un **kur**ßo de **len**guas/de‿espa**njol**]
einen Koch-/Malkurs	un curso de cocina/de pintura [un **kur**ßo de ko**θi**na/de pin**tu**ra]
einen (Theater-/Tanz-) Workshop	un seminario (de teatro/de baile). [un semi**na**rio (de te**a**tro/de **bai**le)]
Sind noch Plätze frei?	¿Hay todavía plazas libres? [ai toda**wi**a **pla**θas **li**wres]
Wo findet der Kurs/das Seminar statt?	¿Dónde tiene lugar el curso/el seminario? [**don**de **tje**ne lu**gar** el **kur**ßo/el semi**na**rio]
Wieviele Teilnehmer hat der Kurs?	¿Cuántos participantes hay en el curso? [**kwan**tos partiθi**pan**tes ai‿en el **kur**ßo]
Wann beginnt/Wieviel kostet der Kurs?	¿Cuándo empieza/Cuánto cuesta el curso? [**kwan**do‿em**pje**θa/**kwan**to **kue**sta‿el **kur**so]
Gibt es eine Kinderbetreuung?	¿Hay guardería para los niños? [ai guarde**ri**a **pa**ra los **ni**njos]

Mit der Wallfahrt zur Virgen del Rocío (in der Provinz Huelva), der größten in ganz Spanien, verbindet sich ein ausgelassenes Volksfest

Unterhaltung

Kino, Theater, Oper und Konzert

Welche Filme laufen heute/morgen im Kino?
¿Qué películas ponen hoy/mañana en el cine?
[ke pe**li**kulas **po**nen oi/ma**nja**na‿en el **θi**ne]

Ist der Film
¿La película está
[la pe**li**kula‿**esta**]

synchronisiert
doblada [do**wla**da]

in Originalversion mit Untertiteln?
en voz original con subtítulos?
[en boθ orichi**nal** kon sub**ti**tulos]

Wann beginnt
¿A qué hora empieza
[a ke‿ora‿empjeθa]

die Vorstellung – la sesión [la se**ßjon**]
der Hauptfilm – la película [la pe**li**kula]
das Konzert – el concierto [el kon**θjer**to]
die Matinee – la función matinal [la fun**θjon** mati**nal**]
die Ballettaufführung – el ballet [el ba**lje**]
das Kabarett – el cabaré [el kawa**re**]
die Oper – la ópera [la‿**o**pera]
Operette – la opereta [la‿ope**re**ta]
das Musical – el musical [el musi**kal**]
die Theatervorstellung – el teatro [el te**a**tro]
der Kartenvorverkauf – la venta anticipada de entradas [la **wen**ta‿antiθi**pa**da de en**tra**das]

für das (Musik-)Festival? – para el festival (de música)? [**pa**ra‿el festi**wal** (de **mu**ßika)]

Im Theater

Anfiteatro 2. Rang	**Izquierda** links
Anfiteatro/Galería Rang	**Lateral** Seite
Asiento/Localidad Platz	**Lavabos** Toilette
Centro Mitte	**Palco** Loge
Derecha rechts	**Piso principal** 1. Rang
Entrada Eingang	**Platea** Parkett
Fila Reihe	**Salida de emergencia** Notausgang

Was wird ... gespielt?	**¿Qué ponen** [ke **po**nen]
heute/morgen abend	hoy/mañana por la noche [oi/ma**nja**na por la **no**tsche]
dieses Wochenende	este fin de semana [**es**te fin de se**ma**na]
im Theater	en el teatro [en el te**a**tro]
in der Oper	en la ópera? [en la‿**o**pera]
Wo bekommt man/Wieviel kosten die Karten?	¿Dónde se venden/Cuánto cuestan las entradas? [**don**de se **wen**den/**kwan**to **kue**stan las en**tra**das]
Gibt es noch Karten an der Abendkasse?	¿Quedan entradas en la taquilla? [**ke**dan en**tra**das en la ta**ki**lja]
Gibt es verbilligte Karten?	¿Hay entradas a precio reducido? [ai en**tra**das a **pre**θio redu**θi**do]
* ¡Agotado! [ago**ta**do]	Ausverkauft.
Bitte 2 Karten/Plätze	**Dos entradas por favor** [dos en**tra**das por fa**wor**]
für die Vorstellung	para la sesión [**pa**ra la se**ßjon**]
für das Konzert	para el concierto [**pa**ra‿el kon**θjer**to]
heute/morgen abend	de hoy/mañana por la noche [de‿oi/ma**nja**na por la **no**tsche]
um 20 Uhr.	a las veinte horas. [a las **wäin**te‿oras]
Wie lange dauert die Vorstellung?	¿Cuánto tiempo dura la función? [**kwan**to **tjem**po **du**ra la fun**θjon**]
Ich möchte bitte ein Programm.	¿Me da un programa, por favor? [me da‿un pro**gra**ma por fa**wor**]
Gibt es eine Garderobe?	¿Hay un guardarropa? [ai‿un guarda**rro**pa]

Diskothek, Bar und Nachtklub

Gibt es hier	**¿Hay por aquí** [ai por‿a**ki**]
eine Diskothek	una discoteca [**u**na disko**te**ka]
ein Tanzlokal	un salón de baile [un sa**lon** de **wai**le]
eine (nette) Kneipe	una tasca (acogedora) [**u**na **tas**ka (akoche**do**ra)]
eine Bar	un club nocturno [un klub nok**tur**no]
ein Spielkasino	un casino [un ka**ßi**no]
mit (Live-)Musik?	con música en directo? [kon **mu**ßika‿en di**rek**to]
Ist hier noch frei?	¿Este asiento está libre? [este‿a**ßjen**to‿es**ta** **li**wre]
Die Getränkekarte, bitte.	La carta de vinos, por favor. [la **kar**ta de **wi**nos por fa**wor**]

Unterhaltung

Aufführung	representación *(f)* [repreßenta**θjon**]
ausgehen	salir [sa**lir**]
Ballett	ballet [ba**lje**]
Band	banda/conjunto [**ban**da/kon**chun**to]
Bar	club nocturno *(m)* [klub nok**tur**no]
Bühne	escena [es**θe**na]
Bühnenbild	escenografía/decorado [esθenogra**fi**a/deko**ra**do]
Bühnenvorhang	telón [te**lon**]
Chor	coro [**ko**ro]
Dirigent	director *(m)* de orquesta [direk**tor** de‿or**kes**ta]
Eintrittskarte	entrada [en**tra**da]
Flamencotanz	baile de flamenco *(m)* [**bai**le de fla**men**ko]
Freilichtkino/-bühne	cine *(m)*/teatro al aire libre [**θi**ne/te**a**tro al‿**ai**re **li**wre]
Garderobe	guardarropa [guarda**rro**pa]
Jazzkonzert	concierto de jazz [kon**θjer**to de tschas]
Kabarett	cabaret *(m)* [kawa**re**]
Kammermusik	música de cámara [**mu**ßika de **ka**mara]
Kasse	caja [**ka**cha]
klatschen	aplaudir [aplau**dir**]; *(rhythmisch)* dar palmadas [dar pal**ma**das]
Komödie	comedia [ko**me**dia]
Opernglas	gemelos *(m/Pl)* [che**me**los]
Orchester	orquesta [or**kes**ta]
Pause	descanso [des**kan**so]
Platzanweiser	acomodador [akomoda**dor**]
Popmusik	música pop [**mu**sika pop]
Premiere	estreno [es**tre**no]
Programmheft	programa [pro**gra**ma]
Regisseur(in)	director(a) de cine [direk**tor**(a) de **θi**ne]
Sänger(in)	cantante *(m/f)* [kan**tan**te]
Schauspieler	actor [ak**tor**]
Schauspielerin	actriz [ak**triθ**]
Spanisches Singspiel	zarzuela [θar**θue**la]
spielen	jugar [chu**gar**]; *(Instrument)* tocar [to**kar**]
Tänzer	bailarín [baila**rin**]
Tänzerin	bailarina [baila**ri**na]
Vorverkauf	venta anticipada [**ben**ta‿antiθi**pa**da]
Zirkus	circo [**θir**ko]
Zugabe!	¡Otra! [**o**tra]

Möchten Sie	**¿Le gustaría** [le gusta**ri**a]
tanzen	bailar [bai**lar**]
etwas trinken	tomar algo [to**mar**‿**al**go]
frische Luft schnappen	tomar el aire [to**mar** el‿**ai**re]
ein wenig spazierengehen?	dar una vuelta? [dar‿**u**na **wuel**ta]
Ich lade Sie ein.	Le invito. [le‿in**bi**to]
Darf ich Sie ... begleiten?	**¿Me permite acompañarla** [me per**mi**te‿akompa**njar**la]
ein Stück	un rato [un **ra**to]
nach Hause	a casa [a **ka**ßa]
ins Hotel	al hotel? [al‿o**tel**]
Möchten Sie noch mit zu mir kommen?	¿Vamos a mi casa? [**ba**mos a mi **ka**ßa]
Vielen Dank für diesen schönen Abend.	Muchas gracias por esta noche tan bella. [**mu**tschas **gra**θias por‿**es**ta **no**tsche tan **be**lja]
Auf Wiedersehen./Bis morgen.	Adiós./Hasta mañana. [a**djos**/**as**ta ma**nja**na]

Feste und Veranstaltungen

Wann beginnt	**¿Cuándo empieza** [**kwan**do‿em**pje**θa]
das (Volks-)Fest	la fiesta (popular) [la **fjes**ta (popu**lar**)]
das Festprogramm	el programa festivo [el pro**gra**ma fes**ti**wo]
die Messe	*(Kirche)* la misa [la **mi**ßa]; *(Handel)* la feria [la **fe**ria]
der Umzug/die Prozession	el desfile/la procesión [el des**fi**le/la proθe**ßjon**]
die Show/Darbietung	el espectáculo [el espek**ta**kulo]
die Zirkusvorstellung?	el circo? [el **θir**ko]
Wo findet die Veranstaltung statt?	¿Dónde tiene lugar la representación? [**don**de **tje**ne lu**gar** la representa**θjon**]
Wie lange wird sie dauern?	¿Cuánto tiempo durará? [**kwan**to **tjem**po dura**ra**]
Muß man Eintritt bezahlen?	¿Hay que pagar por la entrada? [ai ke pa**gar** por la en**tra**da]
Wo bekomme ich/Was kosten die Karten?	¿Dónde se venden/Cuánto cuestan las entradas? [**don**de se **wen**den/**kwan**to **kues**tan las en**tra**das]

Weihnachten und Neujahr

¡Feliz Navidad! [fe**liθ** nawi**da**] wünscht man sich in Spanien zu Weihnachten. Traditionell bekommen spanische Kinder ihre Geschenke nicht am Heiligen Abend, der *Nochebuena* [notsche**wu**ena], sondern erst am Abend des 5. Januar. Dann kommen nämlich die *Reyes Magos* [**rä**ies **ma**gos], die Heiligen Drei Könige, mit Päckchen beladen übers Meer. Das Neue Jahr wird in Spanien traditionell mit den *uvas de la suerte* [**u**was de la **suer**te], den „Glückstrauben" begonnen. Zu jedem der zwölf Glockenschläge in der Silvesternacht ißt man eine Traube, das soll Glück für das kommende Jahr garantieren.

In Spanien bleiben die Läden bis in den Abend hinein geöffnet; dafür wird mittags in der Regel zwischen 13 und 17 Uhr zugesperrt

Einkaufen

Allgemeines

Wo bekomme ich Filme/Zeitungen? — **¿Dónde puedo comprar** [donde puedo komprar] carretes/periódicos? [karretes/perjodikos]

Gibt es hier in der Nähe — **¿Hay por aquí** [ai por‿aki]
- eine Bäckerei — una panadería [una panaderia]
- ein Lebensmittelgeschäft — una tienda de comestibles [una tjenda de komestiwles]
- eine Metzgerei — una carnicería [una karniθeria]
- einen Supermarkt? — un supermercado? [un supermerkado]

* ¿Qué desea? [ke‿deßea] — Was wünschen Sie?
* ¿Puedo ayudarle? [puedo‿ajudarle] — Kann ich Ihnen helfen?

Ich möchte mich nur umsehen. — Quería sólo mirar. [keria solo mirar]

Ich möchte bitte — **Quisiera . . ., por favor.** [kißjera . . . por fawor]
- Briefmarken — sellos [seljos]
- Sonnencreme. — una crema solar. [una krema solar]

Wieviel kostet das? — ¿Cuánto cuesta? [kwanto kuesta]
Das ist (zu) teuer. — Es (demasiado) caro. [es (demaßjado) karo]
Das gefällt mir (nicht). — Eso (no) me gusta. [eßo (no) me gusta]
Ich nehme es. — Me lo quedo [me lo kedo]
Haben Sie etwas Preiswerteres/Größeres/Kleineres? — ¿Tiene algo más barato/más grande/más pequeño? [tjene‿algo mas barato/mas grande/mas pekenjo]

Lebensmittel

Babynahrung	alimento para bebés [ali**men**to **pa**ra be**wes**]
Eier	huevos [**ue**wos]
Essig	vinagre *(m)* [bi**na**gre]
(ohne) Farbstoffe	(sin) colorantes [(sin) kolo**ran**tes]
Fisch	pescado [pes**ka**do]
Fleisch	carne *(f)* [**kar**ne]
Gemüse	verduras [ber**du**ras]
Gewürze	especias *(f/Pl)* [**espe**θias]
Haferflocken	copos de havena [**ko**pos de‿a**we**na]
Kakao	cacao [ka**ka**o]
Kekse	galletas [ga**lje**tas]
Ketchup	ketchup *(m)* [**ke**tschup]
Konserven	conservas [kon**ser**was]
(ohne) Konservierungsstoffe	(sin) conservantes *(m/Pl)* [(sin) konser**wan**tes]
Kuchen	pastel *(m)* [pa**stel**]
Margarine	margarina [marga**ri**na]
Mayonnaise	mayonesa [majo**ne**ßa]
Mehl	harina [a**ri**na]
(Voll-/fettarme) Milch	leche *(f)* (entera/semidesnatada) [**le**tsche (en**te**ra/semidesna**ta**da)]
Nüsse	nueces *(f/Pl)* [**nue**θes]
Obst	fruta [**fru**ta]
Öl	aceite *(m)* [a**θäi**te]
Paprika(gewürz)	pimentón *(m)* [pimen**ton**]
Pfeffer	pimienta [pi**mjen**ta]
Saft	zumo [**θu**mo]
Sahne	nata [**na**ta]
Salz	sal *(f)* [sal]
Schokolade(riegel)	(barrita de) chocolate *(m)* [(ba**rri**ta de) tschoko**la**te]
Senf	mostaza [mo**sta**θa]
Toast	tostada [to**sta**da]
Würstchen	salchicha [sal**tschi**tscha]
Zucker	azúcar *(m)* [a**θu**kar]
Zwieback	bizcocho [biθ**ko**tscho]

▶ **(Siehe auch Speisekarte, S. 44 ff.)**

Obst und Gemüse

Ananas	piña [**pi**nja]
Apfel	manzana [man**θa**na]
Aprikose	albaricoque *(m)* [albari**ko**ke]

Artischocke	alcachofa [alka**tscho**fa]
Aubergine	berenjena [beren**che**na]
Avocado	aguacate [agua**ka**te]
Banane	plátano [**pla**tano]
Basilikum	basilico [ba**ßi**liko]
Birne	pera [**pe**ra]
(grüne/weiße) Bohnen	judías (verdes/blancas) [ju**di**as (**wer**des/**blan**kas)]
Brokkoli	brócoli *(m)* [**bro**koli]
Chicorée	endibia [en**di**wia]
Datteln	dátiles *(m)* [**da**tiles]
Erbsen	guisantes *(m)* [gi**ßan**tes]
Erdbeeren	fresas [**fre**ßas]
Erdnüsse	cacahuetes *(m)* [kaka**ue**tes]
Feigen	higos [**i**gos]
Grapefruit	pomelo [po**me**lo]
Gurke	pepino [pe**pi**no]
Himbeeren	frambuesas [fram**bue**ßas]
Karotten	zanahorias [θana**o**rias]
Kartoffeln	patatas [pa**ta**tas]
Kirschen	cerezas [θe**re**θas]
Kiwi	kiwi *(m)* [**ki**wi]
Knoblauch	ajo [**a**cho]
Kohl	col *(m)* [kol]
Lauch/Porree	puerro [**pue**rro]
Mais	maíz [ma**iθ**]
Mandarine	mandarina [manda**ri**na]
Mango	mango [**man**go]
(Honig-)Melone	melón *(m)* [me**lon**]
Oliven	aceitunas [aθäi**tu**nas]
Orange	naranja [na**ran**cha]
Paprikaschote	pimiento [pi**mjen**to]
Petersilie	perejil *(m)* [pere**chil**]
Pfirsich	melocotón *(m)* [meloko**ton**]
Pflaume	ciruela [θiru**e**la]
Sellerie	apio [**a**pio]
Spinat	espinacas *(f/Pl)* [espi**na**kas]
Tomate	tomate *(m)* [to**ma**te]
Wassermelone	sandía [san**di**a]
(weiße/blaue) Weintrauben	uvas (blancas/negras) [**u**was (**blan**kas/**ne**gras)]
Zitrone	limón *(m)* [li**mon**]
Zucchini	calabacín *(m)* [kalawa**θin**]
Zwiebel	cebolla [θe**wo**lja]

Kann ich mit Scheck/Kreditkarte bezahlen das umtauschen?	**¿Puedo** [**pue**do] pagar con cheque/tarjeta de crédito [pa**gar** kon **tsche**ke/tar**che**ta de **kre**dito] cambiar eso? [kam**bjar**‿eßo]
Wo ist der nächste Geldautomat/ die nächste Bank?	¿Dónde está el cajero automático/ el banco más cercano? [**don**de‿**esta** el ka**che**ro‿auto**ma**tiko/ el **ban**ko mas θer**ka**no]
* ¿Algo más? [**al**go mas]	Noch etwas?
Danke, das ist alles.	No gracias, es todo. [no **gra**θias es **to**do]
Können Sie mir das einpacken?	¿Me lo puede empaquetar? [me lo **pue**de‿empake**tar**]
Kann ich eine Tragetüte haben?	¿Me da una bolsa? [me da‿**u**na **bol**sa]

Lebensmittel

Ich möchte/Geben Sie mir bitte ein Stück ... 100 Gramm ... ein halbes Kilo/ein Kilo ... einen Liter ... eine Dose ... eine Flasche ...	**Quería/Déme ..., por favor** [ke**ri**a/**de**me ... por fa**wor**] una pieza de ... [**u**na **pje**θa de] cien gramos de ... [θjen **gra**mos de] medio kilo/un kilo de ... [**me**dio **ki**lo/un **ki**lo de] un litro de ... [un **li**tro de] una lata de ... [**u**na **la**ta de] una botella de ... [**u**na bo**te**lja de]
Kann ich davon probieren?	¿Puedo probar? [**pue**do pro**war**]
* Es un poco más, ¿vale? [es un **po**ko mas **wa**le]	Darf es etwas mehr sein?
Etwas mehr/weniger bitte.	Un poco más/menos, por favor. [un **po**ko mas/**me**nos por fa**wor**]
Lassen Sie es so!	Está bien así. [**es**ta bjen‿a**ßi**]

Bücher, Schreibwaren und Zeitungen

Haben Sie deutsche Zeitungen/ deutsche Illustrierte Ansichtskarten Briefmarken Briefpapier Umschläge Kugelschreiber Stifte (deutsche/englische) Bücher Klebstoff/Klebeband?	**¿Tienen** [**tje**nen] periódicos alemanes/revistas alemanas [per**jo**dikos ale**ma**nes/re**wis**tas ale**ma**nas] postales [pos**ta**les] sellos [**se**ljos] papel de cartas [pa**pel** de **kar**tas] sobres [**so**wres] bolígrafos [bo**li**grafos] lápices [**la**piθes] libros (alemanes/ingleses) [**li**wros (ale**ma**nes/in**gle**ßes)] pegamento/cinta adhesiva? [pega**men**to/**θin**ta‿ade**ßi**wa]

Banco
Atlántico
HOSTAL
H
MANGO
MANGO
MANGO

Ich hätte gerne	**Quería** [ke**ri**a]
eine Landkarte von …	un mapa de … [un **ma**pa de]
einen Stadtplan	un plano de la ciudad [un **pla**no de la θiu**da**]
einen Reiseführer	una guía [**u**na **gi**a]
eine Wanderkarte	un mapa de excursiones [un **ma**pa de exkur**ßjo**nes]
ein Wörterbuch Spanisch-Deutsch.	un diccionario español-alemán. [un dikθio**na**rio‿espa**njol** ale**man**]

Kleidung und Schuhe

Ich suche	**Estoy buscando** [es**toi** bus**kan**do]
eine Bluse/ein Hemd	una blusa/una camisa [**u**na **blu**ßa/**u**na ka**mi**ßa]
ein T-Shirt	una camiseta [**u**na kami**ße**ta]
eine Hose/einen Rock/ ein Kleid	unos pantalones/una falda/un vestido [**u**nos panta**lo**nes/**u**na **fal**da/un bes**ti**do]
einen Pullover/eine Jacke	un jersey/una chaqueta [un cher**ßäi**/**u**na tscha**ke**ta]
Unterwäsche/Socken	ropa interior/calcetines [**ro**pa‿inte**rjor**/kalθe**ti**nes]
eine Regenjacke	un impermeable [un imperme**a**wle]
Schuhe/Turnschuhe	zapatos/zapatillas de deporte [θa**pa**tos/θapa**ti**ljas de de**por**te]
für Damen/Herren/Kinder.	para señoras/señores/niños. [**pa**ra sen**jo**ras/sen**jo**res/**ni**njos]
Ich brauche Größe 40.	Necesito la talla cuarenta. [neθe**ßi**to la **ta**lja kwa**ren**ta]
Ich habe Schuhgröße 39.	Calzo el número treinta y nueve. [**kal**θo el **nu**mero **träin**ta‿i **nue**we]
Kann ich das probieren?	¿Puedo probármelo? [**pue**do pro**war**melo]
Wo ist ein Spiegel?	¿Dónde hay un espejo? [**don**de‿ai‿un es**pe**cho]
Das paßt (nicht) gut.	(No) Queda bien. [(no) **ke**da bjen]
Das/Die Farbe gefällt mir (nicht).	Esto/Este color (no) me gusta. [**es**to/**es**te ko**lor** (no) me **gus**ta]
Ich nehme es.	Me lo llevo. [me lo **lje**wo]
Gibt es noch andere Modelle/ andere Farben?	¿Hay otros modelos/otros colores? [ai‿**o**tros mo**de**los/**o**tros ko**lo**res]
Es ist	**Es** [es]
zu klein/groß	demasiado pequeño/grande [dema**ßja**do‿pe**ke**njo/**gran**de]
zu lang/kurz	desmasiado largo/corto [dema**ßja**do **lar**go/**kor**to]
zu eng/weit.	demasiado estrecho/ancho. [dema**ßja**do es**tre**tscho/**an**tscho]
Ist das	**¿Es** [es]
echtes Leder	cuero[**kue**ro]
Baumwolle/Wolle/Seide/ Leinen?	algodón/lana/seda/lino? [algo**don**/**la**na/**se**da/**li**no]

Kleidung und Schuhe

Anorak	anorak *(m)* [ano**rak**]
Badeanzug	traje *(m)* de baño [**tra**che de **ba**njo]
Badehose	bañador *(m)* [banja**dor**]
BH	sostén *(m)* [sos**ten**]
Bikini	bikini *(m)* [bi**ki**ni]
Feinstrumpfhose	medias [**med**jas]
Gürtel	cinturón *(m)* [θintu**ron**]
Handschuhe	guantes *(m/Pl)* [**guan**tes]
Hut	sombrero [som**bre**ro]
Jeans	tejanos [te**cha**nos]
Jogginganzug	chándal *(m)* [**tschan**dal]
Kniestrümpfe	mini-medias [mini **med**jas]
Krawatte	corbata [kor**wa**ta]
Mütze	gorra [**go**rra]
Sandalen	sandalias [san**da**lias]
Schlafanzug	pijama *(m)* [pi**cha**ma]
Slip *(Damen)*	bragas [**bra**gas]
Slip *(Herren)*	calzoncillos [kalθon**θi**ljos]
Stiefel	botas [**bo**tas]
Strohhut	sombrero de paja [som**bre**ro de **pa**cha]
Weste	chaleco [tscha**le**ko]

Wäscherei und Reinigung

Ich möchte das waschen lassen/reinigen lassen.	Quiero que me lo laven/laven en seco. [**kje**ro ke me lo **la**wen/**la**wen en **se**ko]
Wieviel kostet das?	¿Cuánto cuesta? [**kwan**to **kue**sta]
Wann ist es fertig?	¿Cuándo estará listo? [**kwan**do‿esta**ra** **li**sto]

Schmuck und Uhren

Meine Kette/Meine Uhr/ Mein Wecker ist kaputt.	Mi collar/Mi reloj/Mi despertador está estropeado. [mi ko**ljar**/mi re**loch**/mi desperta**dor** **esta** estrope**a**do]
Können Sie das reparieren?	¿Me lo puede arreglar? [me lo **pue**de‿arre**glar**]

Ich hätte gerne — **Quisiera** [ki**ßje**ra]

eine neue Batterie	una nueva pila [**u**na **nue**wa **pi**la]
ein Armband	una pulsera [**u**na pul**se**ra]
eine Brosche	un broche [un **bro**tsche]
einen Ring	un anillo [un a**ni**ljo]
Ohrringe.	unos pendientes. [**u**nos pen**djen**tes]

Ist das	**¿Es** [es]
echt	auténtico [au**ten**tiko]
aus Silber/aus Gold	de plata/de oro [de **pla**ta/de‿**o**ro]
versilbert/vergoldet?	plateado/dorado? [plate**a**do/do**ra**do]

Elektro- und Fotoartikel

Ich suche/Ich brauche	**Estoy buscando/Necesito** [es**toi** bus**kan**do/neθe**ßi**to]
einen Adapter	un adaptador [un adapta**dor**]
eine Batterie	una pila [una **pi**la]
für den Walkman	para el walkman [**pa**ra el **wok**man]
für die Taschenlampe	para la linterna [**pa**ra la lin**ter**na]
für den Fotoapparat	para la cámara fotográfica [**pa**ra la **ka**mara foto**gra**fika]
für die Videokamera	para la cámara de vídeo [**pa**ra la **ka**mara de **wi**deo]
für das Radio.	para la radio. [**pa**ra la **ra**dio]
Ich hätte gern	**Quisiera** [ki**ßje**ra]
einen Farbfilm	un carrete en color [un kar**re**te‿en ko**lor**]
einen Schwarzweißfilm	un carrete en blanco y negro [un kar**re**te‿en **blan**ko‿i **ne**gro]
einen Diafilm	un carrete de diapositivas [un kar**re**te de diapoßi**ti**was]
mit 24 (36) Aufnahmen	de veinticuatro (treinta y seis) fotos [de wäinti**kwa**tro (**träin**ta‿i säis) **fo**tos]
eine Videokassette	una videocasete [**u**na wideoka**ße**te]
ein Standardobjektiv	un objetivo estándar [un owche**ti**wo‿es**tan**dar]
ein Teleobjektiv.	un teleobjetivo. [un teleowche**ti**wo]
Können Sie mir	**¿Me puede** [me **pue**de]
den Film einlegen	poner el carrete [po**ner** el kar**re**te]
diesen Film entwickeln	revelar este carrete [rewe**lar** **es**te kar**re**te]
Abzüge anfertigen	hacer copias [a**θer** **ko**pias]
9 mal 9 (13)	nueve por nueve (trece) [**nue**we por **nue**we (**tre**θe)]
glänzend/matt?	brillante/mate? [bri**ljan**te/**ma**te]
Machen Sie Paßbilder?	¿Aquí se hacen fotos de pasaporte? [a**ki** se‿**a**θen **fo**tos de paßa**por**te]
Wann sind die Fotos fertig?	¿Cuándo estarán listas? [**kwan**do‿esta**ran** **lis**tas]
... funktioniert nicht richtig.	**... no funciona bien.** [no fun**θjo**na bjen]
Mein Fotoapparat	Mi cámara [mi **ka**mara]
Das Blitzlicht	El flash [el flasch]
Meine Videokamera	Mi cámara de vídeo [mi **ka**mara de **wi**deo]
Können Sie einmal nachsehen/das reparieren?	¿Puede revisarlo/arreglarlo? [**pue**de rewi**ßar**lo/arre**glar**lo]
Wann kann ich es abholen?	¿Cuándo puedo recogerlo? [**kwan**do **pue**do reko**cher**lo]

Souvenirs, Kunsthandwerk

Ich suche	**Estoy buscando** [**estoi** bu**skan**do]
ein Reiseandenken	un recuerdo [un re**kuer**do]
Folklorekleidung	trajes tradicionales [**tra**ches tradiθjo**na**les]
Keramik	cerámica [θe**ra**mika]
Kunstgegenstände	objetos de arte [ob**che**tos de‿**ar**te]
modern	modernos [mo**der**nos]
antik	antiguos [an**ti**guos]
volkstümlich	populares [popu**la**res]
Lederwaren	artículos de piel [ar**ti**kulos de pjel]
Schmuck.	joyas. [**cho**jas]
Was ist typisch für	**¿Cuáles son las cosas típicas de** [**kwa**les son las **ko**ßas **ti**pikas de)
diese Stadt	esta ciudad [esta θiu**da**]
diese Gegend	esta región [esta re**chjon**]
dieses Land?	este país? [este pa**is**]
Ist das	**¿Es** [es]
echt/antik	auténtico/antiguo [au**ten**tiko/an**ti**guo]
Kunsthandwerk	artesanía [arteßa**nia**]
aus der Region?	de aquí? [de‿a**ki**]
Ist das handgemacht?	¿Está hecho a mano? [**esta**‿etscho‿a **ma**no]

Optiker

Meine Brille ist kaputt.	Mis gafas están rotas. [mis **ga**fas **estan** **ro**tas]
Können Sie sie reparieren/ mir eine Ersatzbrille geben?	¿Puede arreglármelas/darme unas gafas de repuesto? [**pue**de arreg**lar**melas/**dar**me‿**u**nas **ga**fas de re**pues**to]
Wann wird die Brille fertig sein?	¿Cuándo estarán listas las gafas? [**kwan**do‿esta**ran** **li**stas las **ga**fas]

Tabak und mehr

Natürlich bekommt man im *estanco,* dem spanischen Tabakwarenladen, Zigaretten *(cigarillos),* Zigarren *(puros)* und Zigarillos *(puritos).* Außer Tabak führt er aber auch eine Reihe nützlicher Artikel wie etwa Telefonkarten *(tarjetas telefónicas),* Briefmarken *(sellos),* Postkarten *(postales),* Briefumschläge *(sobres)* und anderes Schreibmaterial, nicht jedoch Zeitungen *(periódicos)* und Zeitschriften *(revistas).*

Ich habe meine Brille/ eine Kontaktlinse verloren.	He perdido mis gafas/una lentilla. [e per**di**do mis **ga**fas/**u**na len**ti**lja]
Ich bin kurzsichtig/ weitsichtig.	Soy miope/présbita. [soi **mi**ope/**pres**wita]
Ich habe rechts/links ... Dioptrien.	Tengo ... dioptrías en el ojo derecho/ en el ojo izquierdo [**ten**go diop**tri**as en el **o**cho de**ret**scho/ en el **o**cho i**θkjer**do]
Ich brauche	**Necesito** [neθeßito]
eine Sonnenbrille	unas gafas de sol [**u**nas **ga**fas de sol]
ein Brillenetui	un estuche para las gafas [un e**stu**tsche **pa**ra las **ga**fas]
ein Fernglas	unos prismáticos [**u**nos pris**ma**tikos]
Reinigungslösung	un líquido para limpiar [un **li**kido **pa**ra lim**pjar**]
Aufbewahrungslösung	un líquido para conservar [un **li**kido **pa**ra konser**war**]
für harte/weiche Kontaktlinsen.	para lentillas duras/blandas. [**pa**ra len**ti**ljas **du**ras/**blan**das]

Drogerie

Ich hätte gerne	**Quería** [ke**ri**a]
Heftpflaster	un esparadrapo [un espara**dra**po]
Papier(taschen)tücher	pañuelos de papel [pa**njue**los de pa**pel**]
eine Hand-/Hautcreme	una crema para las manos/para la piel [**u**na **kre**ma **pa**ra las **ma**nos/**pa**ra la pjel]
eine Sonnencreme	una crema solar [**u**na **kre**ma so**lar**]
mit Lichtschutzfaktor 6/12	con factor de protección solar seis/doce [kon fak**tor** de protek**θjon** so**lar** säis/**do**θe]
einen Lippenstift	un pintalabios [pinta**law**jos]
ein Shampoo	un champú [un tscham**pu**]
für normales/trockenes/ fettes Haar	para pelo normal/seco/graso [**pa**ra **pe**lo nor**mal**/**se**ko/**gra**ßo]
gegen Schuppen	contra la caspa [**kon**tra la **kas**pa]
eine Babyflasche	un biberón [un biwe**ron**]
einen Schnuller	un chupete [un tschu**pe**te]
Windeln	pañales [pa**nja**les]
Babypuder.	polvos de talco. [**pol**wos de **tal**ko]

Tabakwaren

Bitte	**Por favor, déme** [por fa**wor de**me]
eine Schachtel/ Stange Zigaretten	un paquete/un cartón de cigarrillos [un pa**ke**te/un kar**ton** de θiga**rri**ljos]
mit/ohne Filter	con/sin filtro [kon/sin **fil**tro]
Pfeifentabak	tabaco de pipa [ta**wa**ko de **pi**pa]
Streichhölzer	cerillas [θe**ri**ljas]
ein Feuerzeug.	un encendedor. [un enθende**dor**]

Drogerie

Babyflasche	biberón *(m)* [biwe**ron**]
Binden (Damenbinden)	vendas (compresas higiénicas) [**ben**das (kom**pre**ßas i**chje**nikas]
Bürste	cepillo [θe**pi**ljo]
Deodorant	desodorante *(m)* [deßodo**ran**te]
Duschgel	gel *(m)* para ducharse [chel **pa**ra du**tschar**se]
Haarspray	laca/spray *(m)* [**la**ka/spräi]
Heftpflaster	un esparadrapo [un esparа**dra**po]
Kamm	peine *(m)* [**päi**ne]
Kondom	condón *(m)* [kon**don**]
Mückenschutzmittel	repelente *(m)* [repe**len**te]
Nagelfeile	lima de uñas [lima de‿**u**njas]
Nagelschere	tijeras para las uñas [ti**che**ras **pa**ra las **u**njas]
Parfüm	perfume *(m)* [per**fu**me]
Pinzette	pinzas [**pin**θas]
Präservativ	preservativo [preßerwa**ti**wo]
Rasiercreme/-schaum	crema/espuma de afeitar [**kre**ma/es**pu**ma de‿afäi**tar**]
Rasierklinge	hoja de afeitar [**o**cha de‿afäi**tar**]
Rasierwasser	loción *(f)* de afeitar [lo**θjon** de‿afäi**tar**]
Schnuller	chupete *(m)* [tschu**pe**te]
Seife	jabón *(m)* [cha**won**]
Shampoo	champú [un tscham**pu**]
Sicherheitsnadel	imperdible *(m)* [imper**di**wle]
Spiegel	espejo [es**pe**cho]
Spülmittel	lavavajillas *(m)* [lawawa**chi**ljas]
Tampons	tampones *(m)* [tam**po**nes]
Toilettenpapier	papel *(m)* higiénico [pa**pel** i**chje**niko]
Waschmittel	detergente *(m)* [deter**chen**te]
Watte	algodón *(m)* [algo**don**]
Windeln	pañales *(m)* [pa**nja**les]
Zahnbürste	cepillo [θe**pi**ljo]
Zahnpasta	pasta de dientes [**pas**ta de **djen**tes]

Apotheke im Jugendstil – in Barcelona, der Stadt des Modernisme, ist das keine Seltenheit

Praktische Hinweise

Ärztliche Versorgung

Beim Arzt

Ich brauche (schnell) einen Arzt.	Necesito un médico (urgentemente). [neθeßito‿un **me**diko (urchente**men**te)]
Rufen Sie bitte einen Notarzt/einen Krankenwagen.	Llame a un médico de urgencia/a una ambulancia, por favor. [**lja**me a un **me**diko de‿ur**chen**θia/a‿**u**na ambu**lan**θia por fa**wor**]
Gibt es hier	**¿Hay por aquí** [ai por‿**aki**]
einen Arzt	un médico [un **me**diko]
einen Frauenarzt	un ginecólogo [un chine**ko**logo]
einen Kinderarzt	un pediatra [un pedi**a**tra]
einen Zahnarzt	un dentista [un den**tis**ta]
der Deutsch/Englisch spricht?	que hable alemán/inglés? [ke‿**aw**le‿ale**man**/in**gleß**]
Kann der Arzt herkommen?	¿Puede venir el médico? [**pue**de we**nir** el **me**diko]
Wann hat er Sprechstunde?	¿A qué hora tiene consulta? [a ke‿**o**ra **tje**ne kon**sul**ta]
Kann ich gleich in die Praxis kommen/hierbleiben?	¿Puedo ir ahora/quedarme? [**pue**do ir a**o**ra/ke**dar**me]
Wann kann ich kommen?	¿Cuándo puedo ir? [**kwan**do **pue**do ir]
* ¿Qué le pasa? [ke‿le **pa**ßa]	Was fehlt Ihnen?
Mir ist (oft) schlecht/schwindelig.	Me siento mal/me mareo (con frecuencia). [me **sjen**to mal/me ma**re**o (kon fre**kuen**θia)]
Ich bin gestürzt.	Me he caído. [me‿e ka**i**do]
Ich habe mich übergeben.	He vomitado. [e womi**ta**do]

i

Ich habe
mich erkältet
eine Allergie
Durchfall
Grippe
Husten
Kopfschmerzen
Bauchschmerzen
Ohrenschmerzen
Halsschmerzen
eine Blasenentzündung
Herzbeschwerden
(hohes) Fieber.

Tengo [**ten**go]
un resfriado [un refri**a**do]
una alergia [**u**na‿al**er**chia]
una diarrea [una dia**rre**a]
gripe [**gri**pe]
tos [toß]
dolor de cabeza [do**lor** de ka**we**θa]
dolor de barriga [do**lor** de ba**rri**ga]
dolor de oído [do**lor** de‿**o**ido]
dolor de garganta [do**lor** de gar**gan**te]
una cistitis [**u**na ci**sti**tis]
trastornos cardíacos [tra**stor**nos kar**di**akos]
(mucha) fiebre. [(**mu**tscha) **fje**wre]

* ¿Desde cuándo tiene fiebre?
[**des**de **kwan**do **tje**ne **fje**wre]
Seit wann haben Sie Fieber?

Seit 2 Tagen.
Desde hace dos días. [**des**de‿**a**θe dos **di**as]

* ¿Dónde le duele?
[**don**de le **due**le]
Wo tut es weh?

* No es nada grave.
[no‿es **na**da **gra**we]
Es ist nichts Schlimmes.

Ist der Arm/der Finger gebrochen?
¿El brazo/El dedo está fracturado?
[el **bra**θo/el **de**do e**sta** fraktu**ra**do]

Ich glaube, das Bein ist gebrochen.
Creo que la pierna está fracturada.
[**kre**o ke la **pjer**na‿e**sta** fraktu**ra**da]

Ich vertrage
die Hitze/das Essen nicht.
kein Penicillin.

No aguanto [no a**gwan**to]
el calor/la comida. [el ka**lor**/la ko**mi**da]
la penicilina. [la peniθi**li**na]

Ich bin (im 4. Monat) schwanger.
Estoy embarazada (de cuatro meses).
[e**stoi**‿embara**θa**da (de **kwa**tro **me**ßes]

Ich nehme regelmäßig Medikamente.
Tomo medicamentos regularmente.
[**to**mo medika**men**tos regular**men**te]

Können Sie mir
das verschreiben
etwas gegen ... verschreiben?

¿Me puede [me **pue**de]
recetar eso [reθe**tar** **e**ßo]
recetar algo contra ...?
[rece**tar** **al**go **kon**tra]

Einnahmevorschriften

antes/después de las comidas	vor/nach den Mahlzeiten
dejar disolver en la boca	im Mund zergehen lassen
disolver en agua	in Wasser auflösen
dos/tres veces al día	2-/3mal täglich
en ayunas	nüchtern
para uso externo/interno	äußerlich/innerlich
sin masticar	unzerkaut

i

Beim Zahnarzt

Ich habe (starke) Zahnschmerzen.	Tengo dolores (fuertes) de muelas. [**ten**go do**lo**res (**fuer**tes) de **mue**las]
Ich habe eine Füllung verloren.	Se me perdió un empaste. [se me per**djo**‿un‿em**pa**ste]
Können Sie	**¿Puede** [**pue**de]
mich gleich behandeln	atenderme ahora mismo [aten**der**me‿a**o**ra **mis**mo]
mir ein Schmerzmittel geben?	darme algo contra los dolores? [**dar**me‿**al**go **kon**tra los do**lo**res]
Ich möchte (k)eine Spritze.	(No) Me ponga una inyección. [(no) me **pon**ga‿**u**na‿injek**θjon**]

Ärztliche Versorgung

Aids	sida *(m)* [**si**da]
Allergie	alergia [a**ler**chia]
ansteckend	contagioso [konta**chjo**ßo]
Antibiotikum	antibiótico [anti**bjo**tiko]
Aspirin	aspirina [aspi**ri**na]
Attest	certificado [θertifi**ka**do]
Augentropfen	gotas para los ojos [**go**tas **pa**ra los **o**chos]
Ausschlag	erupción *(f)* cutánea [erup**θjon** ku**ta**nea]
Beruhigungsmittel	calmante *(m)* [kal**man**te]
Blinddarmentzündung	apendicitis *(f)* [apendi**θi**tis]
(starke) Blutung	hemorragia (fuerte) [emo**rra**chia (**fuer**te)]
Bruch *(Knochen)*	fractura [frak**tu**ra]
Darmkatarrh	entitis *(f)* [en**ti**tis]
Desinfektionsmittel	desinfectante *(m)* [desinfek**tan**te]
Diabetes	diabetes *(f)* [dia**we**tes]
Diagnose	diagnóstico [dia**gno**stiko]
Eiter	pus *(m)* [puß]
Entzündung	inflamación *(f)* [inflama**θjon**]
erbrechen	vómito [**bo**mito]
Erkältung	resfriado [resfri**a**do]
Fieber	fiebre *(f)* [**fje**wre]
Gehirnerschütterung	conmoción *(f)* cerebral [konmo**θjon** θere**bral**]
geschwollen	hinchado [in**tscha**do]
Grippe	gripe *(f)* [**gri**pe]
HIV positiv	VIH positivo [**u**we‿i‿**a**tsche poßi**ti**wo]
Hustensaft	jarabe *(m)* pectoral [cha**ra**we pekto**ral**]
Impfung	vacuna [ba**ku**na]
Infektion	infección *(f)* [infek**θjon**]
Krankenschwester	enfermera [enfer**me**ra]

Bitte reparieren Sie	¡Repare ..., por favor [re**pa**re ... por fa**wor**]
den Zahn	el diente [el **djen**te]
die Brücke	el puente [el **puen**te]
die Krone	la corona [la ko**ro**na]
die Füllung	el empaste [el em**pa**ste]
nur provisorisch!	sólo provisionalmente! [**ß**o**lo** prowisional**men**te]
Ist es schlimm?	¿Es grave? [es **gra**we]

Im Krankenhaus

Wo ist	**¿Dónde está** [**don**de‿**esta**]
das nächste Krankenhaus	el hospital más cercano [el‿ospi**tal** mas θer**ka**no]
die Ambulanz?	la ambulancia? [la‿ambu**lan**θia]

Kreislaufstörung	trastornos de la circulación [tras**tor**nos de la θirkula**θjon**]
Migräne	jaqueca [cha**ke**ka]
Muskelzerrung	distensión *(f)* muscular [disten**ßjon** musku**lar**]
Ohrentropfen	gotas para los oídos [**go**tas **pa**ra los oi**dos**]
Operation	operación *(f)* [opera**θjon**]
Patient(in)	paciente [pa**θjen**te]
Pflaster	esparadrapo [espara**dra**po]
röntgen	hacer una radiografía [a**θer u**na radiogra**fia**]
Salbe	pomada/ungüento *(m)* [po**ma**da/un**guen**to]
Salmonellen	salmonela [salmo**ne**la]
Schlafmittel	somnífero [som**ni**fero]
Schlangenbiß	picadura de serpiente [pika**du**ra de ser**pjen**te]
Schmerzmittel	analgésico [anal**che**ßiko]
Schnupfen	constipado/resfriado [konsti**pa**do/resfri**a**do]
Schweiß	sudor *(m)* [su**dor**]
Seekrankheit	mal de mar [mal de mar]
Sehnenzerrung	distorsión *(f)* de un tendón [distor**ßjon** de‿un ten**don**]
Sonnenstich	insolación *(f)* [insola**θjon**]
Spritze	inyección *(f)* [injek**θjon**]
Übelkeit	náuseas *(f/Pl)* [**nau**ßeas]
Verbrennung	quemadura [kema**du**ra]
Vergiftung	intoxicación *(f)* [intoxika**θjon**]
Verstauchung	distorsión *(f)* [distor**θjon**]
Verstopfung	estreñimiento [estrenji**mjen**to]
Virus	virus *(m)* [**bi**rus]
Wunde	herida [e**ri**da]

Verständigen Sie bitte	**¡Avise *(Sing)*/Avisen *(Pl)* por favor** [a**wi**ße/a**wi**ßen por fa**wor**]
Herrn/Frau …	al señor/a la señora … [al se**njor**/a la se**njo**ra]
im Hotel …!	en el hotel …! [en‿el‿**otel**]
Haben Sie Privatzimmer/ Zweibettzimmer?	¿Hay cuartos privados/cuartos de dos camas? [ai **kwar**tos pri**wa**dos/**kwar**tos de dos **ka**mas]
Wie ist die Diagnose?	¿Cuál es el diagnóstico? [kwal es el dia**gno**stiko]
Welche Behandlung/Therapie schlagen Sie vor?	¿Qué tratamiento/terapia propone? [ke trata**mjen**to/tera**pi**a pro**po**ne]
Wie lange muß ich bleiben?	¿Cuántos días tendré que quedarme? [**kwan**tos **di**as ten**dre** ke ke**dar**me]
Wann darf ich aufstehen?	¿Cuándo podré levantarme? [**kwan**do po**dre** lewan**tar**me]
Es geht mir (nicht) besser.	(No) Estoy mejor. [(no) e**stoi** me**chor**]
Ich brauche	**Necesito** [neθe**ßi**to]
ein Schmerzmittel	un analgésico [un anal**che**ßiko]
ein Schlafmittel.	un somnífero. [un som**ni**fero]
Bin ich reisefähig?	¿Puedo viajar? [**pue**do wia**char**]
Ich möchte	**Quería** [ke**ri**a]
den Arzt sprechen	hablar con el médico [aw**lar** kon‿el **me**diko]
entlassen werden	que me den de alta [ke me‿den de‿**al**ta]
einen Krankenbericht	un informe sobre el tratamiento [un in**for**me **so**wre‿el trata**mjen**to]
eine Bestätigung	un certificado [un θertifi**ka**do]
für meine Krankenkasse	para mi seguro [**pa**ra mi se**gu**ro]
für meinen Hausarzt.	para el médico de cabecera. [**pa**ra‿el **me**diko de kawe**θe**ra]

In der Apotheke

Ich suche eine Apotheke.	Estoy buscando una farmacia. [e**stoi** bus**kan**do‿**u**na far**ma**θia]
Ich habe (k)ein Rezept.	(No) Tengo una receta. [(no) **ten**go‿**u**na re**θe**ta]
Ich brauche	**¡Déme** [**de**me]
etwas gegen Husten/ gegen (Kopf-)Schmerzen	algo contra la tos/contra los dolores (de cabeza) [**al**go **kon**tra la toß/**kon**tra los do**lo**res (de ka**we**θa)]
etwas gegen Sonnenbrand	algo contra las quemaduras de sol [**al**go **kon**tra las kema**du**ras de ßol]
für mich	para mí [**pa**ra‿mi]
für Erwachsene	para adultos [**pa**ra‿a**dul**tos]
für Kinder.	para niños! [**pa**ra‿**ni**njos]

i

Ist das Mittel stark/mild?	¿El medicamento es fuerte/suave? [el medika**mento**‿es **fuer**te/**sua**we]
Wieviele Tabletten/Tropfen muß ich nehmen?	¿Cuántas pastillas/gotas tengo que tomar? [**kwan**tas pa**sti**ljas/**go**tas **ten**go ke to**mar**]
Geben Sie mir bitte eine Quittung/einen Durchschlag des Rezepts!	¡Por favor, déme [por fa**wor de**me] un recibo/una copia de la receta! [un re**θi**wo/ **u**na **ko**pia de la re**θe**ta]

Feiertage und Feste

Ist heute Feiertag/Nationalfeiertag?	¿Hoy es día de fiesta/Fiesta Nacional? [oi es **di**a de **fje**sta/**fje**sta naθio**nal**]
Welches Fest wird heute gefeiert?	¿Qué fiesta se festeja hoy? [ke **fje**sta se fes**te**cha‿oi]
Wann beginnt das Festprogramm?	¿A qué hora empieza el programa festivo? [a ke‿**o**ra em**pje**θa‿el pro**gra**ma fes**ti**wo]
Wie lange wird es dauern?	¿Cuánto tiempo durará? [**kwan**to **tjem**po dura**ra**]
Wo findet die Veranstaltung statt?	¿Dónde tiene lugar el espectáculo? [**don**de **tje**ne lu**gar** el espek**ta**kulo]

Geld und Währung

Kann ich hier mit ... bezahlen?	**¿Puedo pagar aquí con** [**pue**do pa**gar**‿a**ki** kon]
Eurocheques	eurocheques [äuro**tsche**kes]
Travellerschecks	cheques de viaje [**tsche**kes de **wja**che]
Kreditkarte	tarjeta de crédito? [tar**che**ta de **kre**dito]
(Wo) Gibt es hier	**¿(Dónde) Hay por aquí** [(**don**de) ai por‿a**ki**]
eine Bank	un banco [un **ban**ko]
eine Wechselstube	un cambio [un **kam**bio]
ein Postamt	una oficina de correos [**u**na ofi**θi**na de kor**re**os]
einen Geldautomaten?	un cajero automático? [un ka**che**ro‿auto**ma**tiko]

Wann/Wie lange hat die Bank geöffnet?	¿A qué hora/Hasta qué hora está abierto el banco? [a ke‿**o**ra/**a**sta ke‿**o**ra e**sta**‿a**wjer**to‿el **ban**ko]
Kann ich hier Geld vom Postsparbuch abheben?	¿Puedo retirar aquí dinero de la libreta postal de ahorro? [**pue**do reti**rar**‿**a**ki di**ne**ro de la li**wre**ta po**stal** de‿a**o**rro]
* ¿Cuánto quiere? [**kwan**to **kje**re]	Wieviel möchten Sie?
30 000 Peseten.	Treinta mil pesetas. [**träin**ta mil pe**ß**e**tas**]
Wie ist der aktuelle Wechselkurs?	¿A cuánto está el cambio actual? [a **kwan**to e**sta** el **kam**bio‿aktu**al**]
Welchen Betrag bekomme ich höchstens pro Scheck?	¿Cuál es el importe máximo por cheque? [kwal es el im**por**te **ma**ximo por **tsche**ke]
Wie hoch ist die Gebühr pro Scheck pro Überweisung?	¿Hay una comisión [ai‿**u**na komi**ßjon**] para los cheques [**pa**ra los **tsche**kes] para los giros? [**pa**ra los **chi**ros]
Ich möchte 100 DM/Schilling/ Schweizer Franken in Peseten wechseln.	Quería cambiar cien marcos alemanes/chelines/ francos suizos en pesetas. [ke**ri**a kam**bjar** θjen **mar**kos ale**ma**nes/tsche**li**nes/ **fran**kos **sui**θos en pe**ß**etas]
Geben Sie mir bitte auch Münzen!	¡Déme también monedas, por favor! [**de**me tam**bjen** mo**ne**das por fa**wor**]
* ¡Su tarjeta de cheques, por favor! [su tar**che**ta de **tsche**kes por fa**wor**]	Ihre Scheckkarte bitte!
* ¡Firme aquí, por favor! [**fir**me‿**a**ki por fa**wor**]	Bitte unterschreiben Sie hier!
Ist meine Bank-/Postanweisung eingetroffen?	¿Ha llegado mi giro bancario/postal? [a lje**ga**do mi **chi**ro ban**ka**rio/po**stal**]

Kriminalität, Polizei

Wo ist das nächste Polizeirevier?	¿Dónde está la comisaría más cercana? [**don**de‿e**sta** la komiß**a**ria mas θer**ka**na]
Rufen Sie bitte die Polizei!	¡Llame a la policía, por favor! [**lja**me‿a la poli**θi**a por fa**wor**]
Man hat mich bestohlen auf der Straße/am Strand überfallen.	**Me han** [me‿an] robado [ro**wa**do] asaltado en la calle/en la playa. [aßal**ta**do‿en la **ka**lje/en la **pla**ja]
Dieser Mann belästigt mich/ verfolgt mich.	Este hombre me molesta/me persigue. [**es**te‿**om**bre me mo**le**sta/me per**ßi**ge]
Mein Auto ist aufgebrochen worden.	Me han forzado la puerta del coche. [me‿an for**θa**do la **puer**ta del **ko**tsche]

... ist gestohlen worden!	**Me han robado** [me‿an ro**wa**do]
Mein Ausweis	el pasaporte [el paßa**por**te]
Mein Auto	el coche [el **ko**tsche]
Mein Fahrrad	la bicicleta [la biθi**kle**ta]
Meine Brieftasche	la cartera [la kar**te**ra]
Mein Fotoapparat	la cámara fotográfica [la **ka**mara foto**gra**fika]
Meine Handtasche	el bolso [el **bol**so]
Meine Schecks/Meine Scheckkarte	los cheques/la tarjeta de cheques [los **tsche**kes/la tar**che**ta de **tsche**kes]
Meine Armbanduhr	el reloj de pulsera. [el re**loch** de pul**ße**ra]
Ich möchte ... anzeigen.	**Quería denunciar** [ke**ri**a denun**θjar**]
einen Diebstahl	un robo [un **ro**wo]
einen Betrug	un fraude [un **frau**de]
einen Überfall	un atraco [un a**tra**ko]
eine Vergewaltigung	una violación. [**u**na wiola**θjon**]
Ich möchte ... sprechen.	**Quería hablar** [ke**ri**a‿a**wlar**]
mit einem Anwalt	con un abogado [kon un awo**ga**do]
mit der (deutschen/österreichischen/Schweizer) Botschaft	con la embajada (alemana/austríaca/suiza). [kon la‿emba**cha**da (ale**ma**na/aus**tri**aka/**sui**θa)]
Spricht hier jemand Deutsch/Englisch?	¿Hay alguien que hable alemán/inglés? [ai‿al**gjen** ke‿**a**wle‿ale**man**/in**gleß**]
Ich brauche	**Necesito** [neθe**ßi**to]
einen Dolmetscher	un intérprete [un in**ter**prete]
eine Bescheinigung für meine Versicherung.	un certificado para mi seguro. [un θertifi**ka**do **pa**ra mi se**gu**ro]
Ich bin nicht schuld.	No tengo yo la culpa. [no **ten**go jo la **kul**pa]
Damit habe ich nichts zu tun.	No tengo nada que ver con eso. [no **ten**go **na**da ke‿wer kon‿**e**ßo]
* ¿Cuándo/¿Dónde pasó? [**kwan**do/**don**de pa**ßo**]	Wann/Wo ist es passiert?
* ¡Rellene esto, por favor! [re**lje**ne‿**e**sto por fa**wor**]	Füllen Sie das bitte aus!
* ¡Su dirección (aquí), por favor! [su direk**θjon** (a**ki**) por fa**wor**]	Ihre Adresse (hier) bitte!

Notruf, Notfall

▶ **(Siehe auch Panne, Unfall, S. 25, und Im Krankenhaus, S. 75.)**

* ¡Atención! [aten**θjon**]	Achtung!
* ¡Peligro (de muerte)! [pe**li**gro (de **muer**te)]	(Lebens-)Gefahr!
* Salida de emergencia [sa**li**da de‿emer**chen**θia]	Notausgang
Hilfe!	¡Socorro! [so**ko**rro]

Öffnungszeiten

Wann öffnet/schließt	**¿A qué hora abre/cierra** [a ke‿ora‿awre/θjerra]
der Supermarkt	el supermercado [el supermerkado]
das Kaufhaus	el almacén grande [el almaθen grande]
das Geschäft	la tienda [la tjenda]
die Bank	el banco [el banko]
das Postamt	el correo [el korreo]
das Museum?	el museo? [el mußeo]
Haben Sie mittags geöffnet?	¿Está abierto a mediodía? [esta‿awjerto‿a mediodia]
Haben Sie einen Ruhetag?	¿Hay un día de descanso? [ai‿un dia de deskanso]

Post

Wo ist hier bitte	**Por favor, ¿dónde está** [por fawor donde‿esta]
die Post	el correo [el korreo]
ein Briefkasten?	un buzón? [un buθon]
Ich möchte	**¡Déme** [deme]
10 Briefmarken/Sondermarken	diez sellos/sellos especiales [djeθ seljos/seljos espeθjales]
für Karten/Briefe	para postales/cartas [para postales/kartas]
nach Deutschland/Österreich/in die Schweiz	a Alemania/Austria/Suiza [a‿alemania/austria/suiθa]
eine Telefonkarte, bitte.	una tarjeta telefónica, por favor! [una tarcheta telefonika por fawor]
Per Luftpost.	Por avión. [por‿awjon]
Per Express.	Urgente. [urchente]
Per Einschreiben.	Certificada. [θertifikada]
* Lista de correos. [lista de korreos]	Postlagernd.
Ist Post für mich da?	¿Hay correo para mí? [ai korreo para‿mi]
Ich möchte ein Päckchen/ein Telegramm aufgeben.	Quería enviar un pequeño paquete/un telegrama. [keria‿embjar un pekenjo pakete/un telegrama]
Wieviel kosten 10 Wörter?	¿Cuánto cuestan diez palabras? [kwanto kuestan djeθ palawras]
Kann ich hier ein Telefax nach … abschicken?	¿Puedo mandar un telefax a …? [puedo mandar un telefax a]
Wieviel kostet eine Seite?	¿Cuánto cuesta una página? [kwanto kuesta‿una pachina]

Radio und Fernsehen

Auf welcher Frequenz kann man … empfangen?	**¿En qué frecuencia se sintoniza** [en ke frekuenθia se sintoniθa]
den Verkehrsfunk	la información viaria [la‿informaθjon biaria]
deutsche/englische Radiosendungen	emisiones de radio en alemán/en inglés? [emißjones de radio en‿aleman/en‿ingleß]

DON ALGODON

Um wieviel Uhr gibt es Nachrichten?	¿A qué hora hay las noticias? [a ke‿ora‿ai las notiθias]
Haben Sie ein Fernsehprogramm?	¿Tiene un programa de la tele? [tjene‿un programa de la tele]
Welche Programme sind zu empfangen?	¿Qué programas hay? [ke programas ai]

Telefonieren

(Wo) Kann ich hier	**¿(Dónde) Puedo** [(donde) puedo]
telefonieren	telefonear [telefonear]
eine Telefonkarte kaufen?	comprar una tarjeta telefónica? [komprar una tarcheta telefonika]
Gibt es hier	**¿Hay por aquí** [ai por‿aki]
eine Telefonzelle	una cabina telefónica [una kawina telefonika]
ein öffentliches Telefon	un teléfono público [un telefono publiko]
ein Münz-/Kartentelefon	un teléfono de monedas/de tarjeta [un telefono de monedas/de tarcheta]
eine Telefonzelle, in der ich angerufen werden kann?	una cabina, dónde me pueden llamar a mí? [una kawina donde me pueden ljamar a mi]
Ich möchte nach Deutschland/nach Österreich/in die Schweiz telefonieren.	Quería llamar a Alemania/Austria/Suiza. [keria ljamar a‿alemania/austria/suiθa]
Kann ich durchwählen?	¿Hay servicio directo? [ai serwiθio direkto]
Können Sie bitte wechseln?	¿Puede darme cambio? [puede darme kambio]
Ich brauche Münzen zum Telefonieren.	Necesito monedas para el teléfono. [neθeßito monedas para‿el telefono]
Kann ich ein Telefonbuch von ... haben?	¿Me deja una guía telefónica de ...? [me decha‿una gia telefonika de]
Bitte ein Ferngespräch nach ...!	¡Una llamada a larga distancia con ...! [una ljamada‿a larga distanθia kon]
Wie lange muß ich warten?	¿Tengo que esperar mucho? [tengo ke‿esperar mutscho]
Was kostet eine Minute?	¿Cuánto cuesta un minuto? [kwanto kuesta‿un minuto]
Gibt es einen günstigen Nachttarif?	¿Hay una tarifa reducida de noche? [ai‿una tarifa reduθida de noche]
Ich möchte ein R-Gespräch anmelden.	Una llamada a cobro revertido, por favor. [una ljamada‿a kowro rewertido por fawor]
* ¡Ocupado!/Están comunicando. [okupado/estan komunikando]	Besetzt!
Es meldet sich niemand.	No contestan. [no kontestan]
* ¡Díga!/¡Dígame! [diga/digame]	Hallo!
Guten Tag, hier spricht ...	Buenos días, soy ... [buenos dias soi]
Kann ich Herrn/Frau ... sprechen?	¿Puedo hablar con el señor/la señora ...? [puedo‿awlar kon el senjor/la senjora]

Telefonieren: wo und wie?

Zum Telefonieren geht man nicht ins Postamt, denn Post *(correos)* und Telefongesellschaft *(telefónica)* sind in Spanien üblicherweise voneinander getrennt. Für Ferngespräche von öffentlichen Telefonzellen *(cabina telefónica)* braucht man entweder einen Vorrat an 100-Peseten-Münzen oder eine Telefonkarte *(tarjeta prepago)*, die u. a. in Supermärkten und Tabakläden erhältlich ist. Übrigens gibt es in nahezu jedem Café oder Restaurant öffentliche Telefone mit Gebührenzählern. Hier kosten die Einheiten etwas mehr als in der Telefónica. Eine Alternative zum teuren Telefongespräch über die Hotelzentrale stellen in größeren Orten auch lizenzierte Telefonläden *(locutorios)* dar; man bezahlt einfach nach Gesprächsende entsprechend dem Zählerstand.
Und so geht's: Zuerst die Auslandsvorwahl 07 wählen, Pfeifton abwarten, dann die Landesvorwahl (Deutschland 49, Österreich 43, Schweiz 41), anschließend die Ortsnetzkennzahl (ohne Null) und die Rufnummer des Fernsprechteilnehmers.

* Al aparato. [al‿apa**ra**to]	Am Apparat.
* Lo siento, pero no está. [lo **sjen**to **pe**ro no‿**esta**]	Er/Sie ist leider nicht da.
Sprechen Sie Deutsch/ Englisch?	¿Habla alemán/inglés? [awla‿ale**man**/in**gleß**]
Wann ist er/sie zu sprechen?	¿Cuándo estará? [**kwan**do‿esta**ra**]
Ich rufe später wieder an.	Llamo otra vez más tarde. [**lja**mo **o**tra **weθ** mas **tar**de]
Richten Sie bitte aus, daß ich angerufen habe.	Dígale por favor que he llamado. [**di**gale por fa**wor** ke‿e lja**ma**do]
Meine Nummer ist ...	Mi número es ... [mi **nu**mero‿es]

Toiletten

Wo sind die Toiletten bitte?	¿Dónde están los lavabos, por favor? [**don**de‿**estan** los la**wa**wos por fa**wor**]
Gibt es hier eine öffentliche Toilette?	¿Hay lavabos públicos por aquí? [ai la**wa**wos **pu**blikos por‿a**ki**]
* Señoras (Damas)./Señores (Caballeros). [se**njo**ras (**da**mas)/ se**njo**res (kawa**lje**ros)]	Damen./Herren.

Trinkgeld

Ist der Service im Preis inbegriffen?	¿El servicio está incluído? [el ser**wi**θio **esta**‿inklu**i**do]
Wieviel Trinkgeld ist üblich?	¿Cuánto se da de propina? [**kwan**to se da de pro**pi**na]
Das ist für Sie!	¡Es para usted! [es **para**‿u**ste**]
Behalten Sie den Rest!	¡Quédese con el resto! [**ke**deße kon el **res**to]
Stimmt so!	Está bien así. [**esta** bjen‿a**ßi**]

Reisewörterbuch Deutsch-Spanisch

A

Abend la tarde [**tar**de] 12, 16
Abendessen la cena [**θe**na] 18, 40
Abfahrt la partida [par**ti**da] 28, 29
Abflug el despegue [des**pe**ge] 30
Abteil el departamento [departa**men**to] 29
Adresse la dirección [direk**θjon**] 15, 79
Allee la alameda [ala**me**da]
allein solo/-a [**ßo**lo/-a]
alles todo [**to**do]
alt viejo/-a [**bje**cho/-a]
Alter la edad [e**da**] 15
Ampel el semáforo [se**ma**foro] 22
Amt la oficina (pública) [ofi**θi**na (**pu**blika)] 80
anderer/andere otro/-a [**o**tro/-a]
anders diferente [dife**ren**te]
Angst el miedo [**mje**do] 72, 78
Anrufbeantworter el contestador automático [kontesta**dor** auto**ma**tiko] 82
Anschluß el enlace [en**la**θe] 29
anstrengend fatigoso/-a [fati**go**ßo/-a] 52
Antiquitäten las antigüedades [antigue**da**des] 69
Anwalt/Anwältin el/la abogado/-a [awo**ga**do/-a] 79
Anzug el traje [**tra**che] 66
Apotheke la farmacia [far**ma**θia] 76
Arbeit el trabajo [tra**wa**cho]
Arena *(Stierkampf)* la plaza de toros [**pla**θa de **to**ros] 51
Arm el brazo [**bra**θo] 73
arm pobre [**po**wre]
Arzt/Ärztin el/la médico/-a [**me**diko/-a] 25, 72
Aufenthalt la estancia [es**tan**θia] 31
Aufzug el ascensor [asθen**sor**] 38
Augenblick el momento [mo**men**to] 14
Ausfahrt/Ausgang la salida [sa**li**da] 29, 30
Ausflug la excursión [la exkur**ßjon**] 52
Auskunft la información [informa**θjon**] 49
Ausländer/Ausländerin el/la extranjero/-a [extran**che**ro/-a] 15
Aussicht la vista [**bi**sta] 50
Ausverkauft! ¡Agotado! [ago**ta**do] 57
Ausweis el documento de identidad [doku**men**to de‿identi**da**] 21, 79
Auto el coche [**ko**tsche] 22, 26
Autobahn (gebührenpflichtig) la autopista (de peaje) [auto**pi**sta (de pe**a**che)] 22, 24

B

Baby el bebé [be**we**]
Babyfläschchen el biberón [biwe**ron**] 70, 71
Babysitter/Babysitterin el/la canguro [kan**gu**ro]
Bad el baño [**ba**njo] 33
Badeanzug el traje de baño [**tra**che de **ba**njo] 52, 67
Badehose el bañador [banja**dor**] 52, 67
Bäckerei la panadería [panade**ri**a] 61
Bahnhof la estación [esta**θjon**] 28, 29
Bahnsteig el andén [an**den**] 29
Ball la pelota [pe**lo**ta] 55
Ball *(Tanz)* el baile [**bai**le] 15
Bank el banco [**ban**ko] 64, 77
Bargeld el dinero en efectivo [di**ne**ro en efek**ti**wo] 77
Batterie la batería [bate**ri**a] 26, 67
Bauer/Bäuerin el/la campesino/-a [kampe**ßi**no/-a] 15
Baum el árbol [**ar**wol] 56
Baumwolle el algodón [algo**don**] 66
Bedienung el servicio [ser**wi**θio] 41
behindert minusválido/-a [minus**wa**lido/-a] 72
Bein la pierna [**pjer**na] 73
Benzin la gasolina [gaßo**li**na] 23, 24
Berg la montaña [mon**ta**nja] 50, 56
Beruf la profesión [profe**ßjon**] 15
Bescheinigung el certificado [θertifi**ka**do] 76, 79

Beschwerde la queja [**ke**cha] 42
besetzt ocupado [oku**pa**do] 24
Besichtigung la visita [bi**ßi**ta] 49
Besitzer/Besitzerin el/la proprietario/-a [proprie**ta**rio/-a] 32, 40
Besteck el cubierto [ku**wjer**to] 43
betrunken borracho [bo**rra**tscho]
Bett la cama [**ka**ma] 38
Bier la cerveza [θer**we**θa] 48
Bild el cuadro [**kwa**dro] 50
billig barato/-a [ba**ra**to/-a] 61
bißchen, ein un poco [un **po**ko]
bitte por favor [por fa**wor**]
bitte *(keine Ursache)* de nada [de **na**da]
Blitz *(Foto)* el flash [flasch] 68
Blume la flor [flor]
Blut la sangre [**san**gre] 74
Boden el suelo [**sue**lo] 56
böse malo/-a [**ma**lo/-a]
Boot la barca [**bar**ka] 53
Botschaft la embajada [emba**cha**da] 79
brennen arder [ar**der**]
Brief la carta [**kar**ta] 80
Briefkasten el buzón [bu**θon**] 80
Briefmarke el sello [**se**ljo] 61, 80
Brieftasche la cartera [kar**te**ra] 79
Brille las gafas [**ga**fas] 69, 70
Bruder el hermano [er**ma**no] 13
Brücke el puente [**puen**te] 50, 75
Buch el libro [**li**wro] 64
Buchhhandlung la librería [liwre**ri**a] 64
Bucht la bahía [ba**i**a] 55
Burg el castillo [kas**ti**ljo] 50
Bus el autobús [auto**wus**] 16, 29

C

Café el bar [bar] 40
Campingplatz el camping [**kam**ping] 36
Charterflug el vuelo chárter [**bue**lo **tschar**ter] 30
Cousin/Cousine el/la primo/-a [**pri**mo/-a] 13

D

daheim en casa [en **ka**ßa]
Damen las señoras [sen**jo**ras]
Damentoilette damas [**da**mas] 83
danke gracias [**gra**θias] 13, 14
Datum la fecha [**fe**tscha] 18
Decke la manta [**man**ta] 35
Decke *(Zimmer)* el techo [**te**tscho] 32
defekt estropeado/-a [estrope**a**do/-a] 27, 34
Deodorant el desodorante [deßodo**ran**te] 71
deutsch alemán [ale**man**] 13, 52
Deutsche Mark el marco alemán [**mar**ko‿ale**man**] 78
Deutscher/Deutsche el alemán/la alemana [ale**man**/ale**ma**na] 13
Deutschland Alemania [ale**ma**nia] 13, 15
dick gordo/-a [**gor**do/-a]
Diebstahl el robo [**ro**wo] 78, 79
Dienstag el martes [**mar**tes] 18
dieses/diese este/-a [**es**te/-a]
Diesel el gasoil [ga**ßoil**] 24
Ding la cosa [**ko**ßa]
direkt directo/-a [di**rek**to/-a]
Direktor/Direktorin el/la director/-a [direk**tor**/-a] 32
Diskothek la discoteca [disko**te**ka] 41, 58
Dolmetscher/Dolmetscherin el/la intérprete [in**ter**prete] 78
Donnerstag el jueves [**chue**wes] 18
Dorf la aldea [al**de**a] 22
dringend urgente [ur**chen**te] 72
Drogerie la droguería [droge**ri**a] 70, 71
dünn delgado/-a [del**ga**do/-a]
dunkel oscuro/-a [os**ku**ro/-a] 20
Durchgang el paso [**pa**ßo] 22
Durst la sed [sed] 48
Dusche la ducha [**du**tscha] 33, 36

E

Ebene la llanura [lja**nu**ra] 56
Ehefrau la esposa [es**po**ßa] 13
Ehemann el marido [ma**ri**do] 13
Eingang la entrada [en**tra**da] 22, 28
einkaufen ir de compras [ir de **kom**pras] 36, 61
Eintritt(skarte) la entrada [en**tra**da] 52, 58
einverstanden vale [**ba**le]
Einwohner/Einwohnerin el/la habitante [awi**tan**te]
Elekrohandlung los electrodomésticos [elektrodo**mes**tikos] 68
Eltern los padres [**pa**dres] 13
Endstation la terminal [termi**nal**] 29

England Inglaterra [inglaterra] 13
englisch inglés/inglesa [ingleß/ingleßa] 13, 52
Enkel/Enkelin el/la nieto/-a [njeto/-a] 13
Entschuldigung! ¡Perdón! [perdon] 14, 30
Erde la tierra [tjera]
Erdgeschoß la planta baja [planta wacha] 32
ernst serio/-a [serio/-a]
erschöpft agotado/-a [agotado/-a]
Erwachsener el adulto [adulto] 29, 52
Erzählung el cuento [kuento]
Erziehung la educación [edukaθjon]
Esel el burro [burro]
eßbar comestible [komestiwle]
Essen la comida [komida] 40, 73

F

Fabrik la fábrica [fabrika]
Fahrer el conductor [konduktor] 27, 29
Fahrkarte el billete [biljete] 28, 29
Fahrplan el horario [orario] 27, 29
Fahrrad la bicicleta [biθikleta] 22, 26
falsch falso/-a [falßo/-a]
Familie la familia [familia] 12
Fan el aficionado [afiθjonado] 54
Farbe el color [kolor] 20, 66
faul perezoso/-a [pereθoßo/-a]
Fehler el error [error]
Feiertag el día festivo [dia festiwo] 77
Feld el campo [kampo] 56
Ferien las vacaciones [bakaθjones] 14
fertig listo/-a [listo/-a]
Fest la fiesta [fjesta] 60, 77
feucht húmedo/-a [umedo/-a]
Feuer el fuego [fuego] 79
Feuerlöscher el extintor [extintor] 79
Feuerwehr los bomberos [bomberos] 25
Finger el dedo [dedo] 73
Firma la empresa [empreßa]
Fischgeschäft la pescadería [peskaderia] 64
Flasche la botella [botelja] 42, 64
Flaschenöffner el abridor [awridor] 61
Flirt el flirteo [flirteo]
Flohmarkt el rastro [rastro] 61
Flug el vuelo [buelo] 30
Flughafen el aeropuerto [aeropuerto] 22, 31
Fluß el río [rio] 56
Formular el impreso [impreßo] 21, 78
Fotoapparat la cámara fotográfica [kamara fotografika] 68, 79
Frage la pregunta [pregunta] 16
Frau la mujer [mucher] 12, 13
frei libre [liwre]
Freitag el viernes [bjernes] 18
Fremdenverkehrsamt la oficina de turismo [ofiθina de turismo] 49
Freund/Freundin el/la amigo/-a [amigo/-a] 12, 14
frisch fresco/-a [fresko/-a]
Friseur/Friseuse el/la peluquero/-a [pelukero/-a]
früh temprano [temprano] 18
Frühling la primavera [primawera] 18
Frühstück el desayuno [deßajuno] 18, 33
Führerschein el carné de conducir [karne de konduθir] 21
Führung la visita [bißita] 49, 52
Fundbüro la oficina de objetos perdidos [ofiθina de‿obchetos perdidos] 78
Fuß el pie [pje] 74
Fußball el fútbol [futwol] 55
Fußgänger el peatón [peaton]

G

Gabel el tenedor [tenedor] 43
Garage el garage [garache] 34, 38
Garten el jardín [chardin]
geboren nacido/-a [naθido/-a] 18
Gebühr la tasa [taßa] 78
Geburtstag el cumpleaños [kumpleanjos] 14, 18
Gefahr el peligro [peligro] 54
gehen ir [ir]
Geld el dinero [dinero] 34, 77
Geldbeutel el monedero [monedero] 77
Geldwechsel el cambio [kambio] 34, 78
Gemüse las verduras [berduras] 47, 62
geöffnet abierto/-a [awjerto/-a] 80
Gepäck el equipaje [ekipache] 30, 38
Gepäckaufbewahrung la consigna [konsigna] 29
geradeaus derecho [deretscho]
Gericht *(Essen)* el plato [plato] 42
Geruch el olor [olor] 64
Geschenk el regalo [regalo] 21

geschlossen cerrado/-a [θerrado/-a] 80
Geschwindigkeit la velocidad [beloθida] 21
gesund sano/-a [sano/-a]
Gesundheit la salud [salu] 72
Getränk la bebida [bewida] 42, 48
getrennt separado/-a [separado/-a]
Gewicht el peso [peßo] 61
Gewitter la tempestad [tempesta] 20
giftig venenoso/-a [benenoßo/-a]
Glas *(Scheibe)* el vidrio [bidrio] 50
Glas *(Trink-)* el vaso [baßo] 43
Glas *(Wein-)* la copa [kopa] 42, 43
glücklich feliz [feliθ]
Grad el grado [grado] 20
Gramm el gramo [gramo] 19, 64
gratulieren felicitar [feliθitar] 14
Grenze la frontera [frontera] 21
groß grande [grande]
Großvater/Großmutter el/la abuelo/-a [awuelo/-a] 13
grüßen saludar [saludar] 12, 13
Grund la razón [raθon]
Gruppe el grupo [grupo]
gültig válido [balido] 21, 27
Gürtel/Gurt el cinturón [θinturon] 67
gut bueno/-a [bueno/-a]; *(Adv)* bien [bjen]

H

Haar el pelo/el cabello [pelo/kaweljo] 70
haben tener [tener]
häßlich feo/-a [feo/-a]
Hafen el puerto [puerto] 22, 31
halb medio/-a [medio/-a]
Hallo! ¡Hola! [ola] 12, 13
Halt! ¡Alto! [alto]
Haltestelle la parada [parada] 28
Handschuhe los guantes [guantes] 67
Handtasche el bolso [bolßo] 79
Handtuch la toalla [toalja] 34, 38
hart duro/-a [duro/-a]
Haus la casa [kaßa] 35
Haushaltswaren los artículos domésticos [artikulos domestikos] 61
Heimat la patria [patria]
heiß caliente [kaljente] 20, 42
heißen llamarse [ljamarse] 32
Heizung la calefacción [kalefakθjon] 34, 38
helfen ayudar [ajudar] 25
hell claro/-a [klaro/-a] 20
Hemd la camisa [kamißa] 20, 66
Herbst el otoño [otonjo] 18
Herein! ¡Adelante!/¡Pase! [adelante/paße]
Herr el señor [senjor] 12
Hilfe! ¡Socorro! [sokorro] 14, 27
Himmel el cielo [θjelo] 20
Hobby la afición [afiθjon]
hoch alto/-a [alto/-a]
Hochzeit la boda [boda]
hoffen esperar [esperar]
Holz la madera [madera]
Holz *(Brennholz)* la leña [lenja] 36
Hose los pantalones [pantalones] 20
Hotel el hotel [otel] 28, 32
hübsch bonito/-a [bonito/-a]
Hund el perro [perro] 36
Hunger el hambre *(f)* [ambre] 40
Hut el sombrero [sombrero] 67

I

Imbiß la merienda [merjenda] 40
immer siempre [sjempre]
inklusiv incluído/-a [inkluido/-a] 83
Insel la isla [ißla] 50
intelligent inteligente [intelichente]
interessant interesante [intereßante] 52

J

ja sí [si]
Jacke la chaqueta [tschaketa] 66
Jahr el año [anjo] 19
Jahreszeit la estación [estaθjon] 18
Jeans los tejanos [techanos] 67
Jogginganzug el chándal [tschandal] 67
Jugendherberge el albergue juvenil [alwerge chuwenil] 38
jung jóven [chowen]
Junge el chico [tschiko]
Junggeselle el soltero [soltero] 14

K

Kabine la cabina [kawina] 31
kalt frío/-a [frio/-a] 20, 42
Kamera la cámara [kamara] 68
Kamm el peine [päine] 71
Kapelle la capilla [kapilja] 50
kaputt roto/-a [roto/-a] 67
Kasse la caja [kacha] 59
Kathedrale la catedral [katedral] 52

Katze el gato [**ga**to] 36
kaufen comprar [kom**prar**] 61
Kaufhaus el almacén grande [alma**θen gran**de] 80
Kaution la caución [kau**θjon**] 23
Kellner/Kellnerin el/la camarero/-a [kama**re**ro/-a] 41
Kilo el kilo [**ki**lo] 19, 64
Kilometer el kilómetro [ki**lo**metro] 16, 23
Kind el/la niño/-a [**ni**njo/-a] 12, 13
Kino el cine [**θi**ne] 15, 57
Kiosk el kiosko [**kio**sko] 61
Kirche la iglesia [i**gle**ßia] 52
Kissen la almohada [almo**a**da] 35, 38
klar claro/-a [**kla**ro/-a]
Kleid el vestido [bes**ti**do] 66
Kleidung los vestidos [bes**ti**dos] 66, 67
klein pequeño/-a [pe**ke**njo/-a]
Klimaanlage el aire acondicionado [**ai**re‿akondiθio**na**do] 38
Kloster el monasterio [monas**te**rio] 51
Kneipe la tasca [**tas**ka] 40
Knopf el botón [bo**ton**] 61
Koch/Köchin el/la cocinero/-a [koθi**ne**ro/-a] 40
Körper el cuerpo [**kuer**po] 74
Koffer la maleta [ma**le**ta] 21, 31
Kofferkuli el carrito (para equipajes) [kar**ri**to (**pa**ra‿eki**pa**ches)] 29
Konditorei la pastelería [paste**le**ria] 40
Kondom el condón [kon**don**] 71
Konzert el concierto [kon**θjer**to] 16, 57
Kopf la cabeza [ka**we**θa] 67
Korkenzieher el sacacorchos [saka**kor**tschos] 61
Kosmetiksalon el salón de belleza [sa**lon** de bel**je**θa]
kosten costar [kos**tar**] 16, 31
krank enfermo/-a [en**fer**mo/-a] 72
Krankenhaus el hospital [ospi**tal**] 75
Krankenwagen la ambulancia [ambu**lan**θia] 25, 72
Krawatte la corbata [kor**wa**ta] 67
Kreditkarte la tarjeta de crédito [tar**che**ta de **kre**dito] 33, 77
Kreuzfahrt el crucero [kru**θe**ro] 31
küssen besar [be**ßar**]
Küste la costa [**kos**ta] 53
Kultur la cultura [kul**tu**ra] 49, 57
Kunstgalerie la galería de arte [gale**ri**a de‿**ar**te] 52
Kunsthandwerk la artesanía [arteßa**ni**a] 69
kurz corto/-a [**kor**to/-a]
Kuß el beso [**be**ßo]

L

Laden la tienda [**tjen**da] 61
Länge la longitud [lonchi**tu**] 19
Lärm el ruido [ru**i**do] 34
Land el país [pa**is**] 69
Landgut la finca (rústica) [**fin**ka (**rus**tika)] 32
Landkarte el mapa [**ma**pa] 49, 66
Landschaft el paisaje [pai**ßa**che] 51
Landstraße la carretera [karre**te**ra] 21
Landung el aterrizaje [aterri**θa**che] 30
lang largo/-a [**lar**go/-a]
langsam lento/-a [**len**to/-a]
langweilig aburrido/-a [awur**ri**do/-a]
Lastwagen el camión [ka**mjon**] 22
laut alto/-a [**al**to/-a] 34
leben vivir [bi**wir**]
Lebensmittel los comestibles [komes**ti**wles] 62, 64
Leder el cuero [**kue**ro] 66, 69
ledig soltero/-a [sol**te**ro/-a] 14
leer vacío/-a [ba**θi**o/-a]
leicht fácil [**fa**θil]
leicht *(Gewicht)* ligero/-a [li**che**ro/-a]
Leinen el lino [**li**no] 66
leise bajo/-a [**ba**cho/-a]
Leute la gente [**chen**te]
Licht la luz [luθ] 34, 38
Liebe el amor [a**mor**]
lieben amar [a**mar**]
Liegestuhl la tumbona [tum**bo**na] 53
Liegewagen el coche-literas [**ko**tsche li**te**ras] 30
Linienflug el vuelo de línea [**bue**lo de **li**nea] 30
links a la izquierda [a la‿iθ**kjer**da]
Lippenstift el lápiz de labios [**la**piθ de **la**wios] 70, 71
Löffel la cuchara [ku**tscha**ra] 43
Luft el aire [**ai**re] 20, 26
Luftmatratze el colchón neumático [kol**tschon** näu**ma**tiko] 53

M

Mädchen la chica [**tschi**ka]
Mahlzeit la comida [ko**mi**da] 40
Make-up el maquillaje [maki**lja**che] 70
Mann el hombre [**om**bre] 12

Mantel el abrigo [a**wri**go] 66
Markt(halle) el mercado [mer**ka**do] 51
Medikament el medicamento [medika**men**to] 73
Meer el mar [mar] 53
Meeresfrüchte los mariscos [ma**ri**skos] 45
Mensch el hombre [**om**bre]
Messer el cuchillo [ku**tschi**ljo] 43
Meter el metro [**me**tro] 19
Metzgerei la carnicería [karniθe**ri**a] 61
Minute el minuto [mi**nu**to] 16, 82
Mittag el mediodía [medio**di**a] 17, 19
Mittagessen el almuerzo [al**muer**θo] 18, 40
Mittwoch el miércoles [**mjer**koles] 18
Mode la moda [**mo**da] 66
modern moderno/-a [mo**der**no/-a]
Möbel los muebles [**mue**wles] 61
möglich posible [po**ßi**wle]
Moment el momento [mo**men**to]
Monat el mes [meß] 18, 19
Montag el lunes [**lu**nes] 18
Morgen la mañana [ma**nja**na] 12, 19
Motor el motor [mo**tor**] 26, 27
Motorrad la moto [**mo**to] 22, 26
Mücke el mosquito [mos**ki**to] 72
müde cansado/-a [kan**ßa**do/-a]
Müll la basura [ba**ßu**ra] 39
Münze la moneda [mo**ne**da] 39, 82
Mütze el gorro [**go**rro] 67
Musik la música [**mu**ßika] 57, 58
Mutter la madre [**ma**dre] 13

N

nachmittags por la tarde [por la **tar**de] 19
Nachrichten las noticias [no**ti**θias] 82
Nacht la noche [**no**tsche] 12, 19
Nachtisch el postre [**pos**tre] 47
nackt desnudo/-a [des**nu**do/-a]
Nagelfeile la lima de uñas [**li**ma de‿**u**njas] 71
Nagellack el esmalte [es**mal**te] 70
nahe cerca [**θer**ka]
Nahverkehrszug el tren de cercanías [tren de θerka**ni**as] 29
Name el nombre [**nom**bre] 25, 40
Name *(Nachname)* el apellido [ape**lji**do] 12
naß mojado/-a [mo**cha**do/-a]
Natur la naturaleza [natura**le**θa] 56
Neffe el sobrino [so**wri**no] 13
nehmen tomar [to**mar**]
nein no [no]
neu nuevo/-a [**nue**wo/-a]
Neujahr el Año Nuevo [anjo **nue**wo] 14, 60
nicht no [no]
Nichte la sobrina [so**wri**na] 13
Nichtraucher no fumadores [no fuma**do**res] 30, 31
nichts nada [**na**da]
nie jamás [cha**maß**]
niedrig bajo/-a [**ba**cho/-a]
niemand nadie [**na**dje]
nötig necesario [neθe**ßa**rio]
Norden el norte [**nor**te] 22
normal normal [nor**mal**]
Notar el notario [no**ta**rio] 79
Notausgang la salida de emergencia [sa**li**da de‿emer**chen**θia] 27, 57
Notbremse el freno de alarma [**fre**no de‿a**lar**ma] 27, 29
Notrufsäule el poste de socorro [**pos**te de so**ko**rro] 79
Nummer el número [**nu**mero] 31, 41

O

Ober el camarero [kama**re**ro] 41
Obst la fruta [**fru**ta] 62
Obstgeschäft la frutería [frute**ri**a] 61
Öffnungszeiten las horas de apertura [**o**ras de‿aper**tu**ra] 52, 80
Österreich Austria [**aus**tria] 13, 80
österreichisch austríaco/-a [aus**tri**ako/-a] 13, 52
offen abierto/-a [a**wjer**to/-a]
Ohrringe los pendientes [pen**djen**tes] 67
Onkel el tío [**ti**o] 13
Optiker el óptico [**op**tiko] 69
Ort el lugar [lu**gar**] 22
Osten el este [**es**te] 22
Ostern Páscua [**pas**kua] 14

P

Päckchen el pequeño paquete [pe**ke**njo pa**ke**te] 80
Palast el palacio [pa**la**θio] 52
Panne la avería [awe**ri**a] 25
Papiere los papeles [pa**pe**les] 21
Parfüm el perfume [per**fu**me] 71
Park el parque [**par**ke] 51
Parkplatz el aparcamiento [aparka**mjen**to] 24, 34

Paß el pasaporte [paßa**por**te] 21
Personalausweis el carné de identidad [kar**ne** de‿identi**da**] 21
Pfingsten Pentecostés [penteko**stes**] 14, 60
Pflanze la planta [**plan**ta] 56
Pinzette las pinzas [**pin**θas] 71
Platz la plaza [**pla**θa] 22, 51
Platz *(Sitz-)* el asiento [a**ßjen**to] 30, 31
Politik la política [po**li**tika]
Polizei la policía [poli**θi**a] 25, 78
Polizist el policía [poli**θi**a] 25, 78
Postkarte la postal [po**stal**] 70
Postleitzahl el código postal [**ko**digo po**stal**] 80
Präservativ el preservativo [preßerwa**ti**wo] 71
Preis el precio [**pre**θio] 83
Programm el programa [pro**gra**ma] 58, 82
Promille por mil [por mil] 78
Puder los polvos [**pol**wos] 70
Pullover el jersey [cher**ßäi**] 66

Q

Qualität la calidad [kali**da**] 40, 61
Qualle la medusa [me**du**ßa] 53
Quittung el recibo [re**θi**wo] 43, 77

R

Rabatt el descuento [des**kuen**to] 61
Rasen el césped [**θe**spe]
Rasierapparat la máquina de afeitar [**ma**kina de‿afäi**tar**] 68
Rasierklingen las hojas de afeitar [**o**chas de‿afäi**tar**] 71
Rathaus el ayuntamiento [ajunta**mjen**to] 51
Raum la sala [**ßa**la] 32, 49
Rechnung la cuenta [**kuen**ta] 35, 43
rechts a la derecha [a la de**re**tscha]
Regen la lluvia [**lju**wia] 20
Regenschirm el paraguas [pa**ra**guas] 61
Regierung el gobierno [go**wjer**no]
reich rico/-a [**ri**ko/-a]
Reifen el neumático [näu**ma**tiko] 26
Reihe la fila [**fi**la] 30, 57
Reinigung el lavado en seco [la**wa**do‿en **se**ko] 67
Reinigung *(Geschäft)* la tintorería [tintore**ri**a] 67
Reisebüro la agencia de viajes [a**chen**θia de **wja**ches] 49
Reiseführer/Reiseführerin el/la guía [**gi**a] 50
Reisescheck el cheque de viaje [**tsche**ke de **wja**che] 34, 77
Reißverschluß la cremallera [krema**lje**ra] 61
Restaurant el restaurante [restau**ran**te] 40, 49
Rezept la receta [re**θe**ta] 76, 77
Rezeption la recepción [reθep**θjon**] 32
richtig correcto/-a [ko**rrek**to/-a]
Richtung la dirección [direk**θjon**] 28
Risiko el riesgo [**rjes**go] 22, 53
Rock la falda [**fal**da] 66
Rucksack la mochila [mo**tschi**la] 56
rufen llamar [lja**mar**]
Ruhe el silencio [si**len**θio] 16
ruhig tranquilo [tran**ki**lo]
Rundfahrt la vuelta [**buel**ta] 49

S

Saal la sala [**ßa**la]
Sache la cosa [**ko**ßa]
Sakko la chaqueta [tscha**ke**ta] 66
Samstag el sábado [**ßa**wado] 18
Sandalen las sandalias [san**da**lias] 67
satt satisfecho/-a [satis**fe**tscho/-a]
sauber limpio/-a [**lim**pio/-a]
Schadensersatz la indemnización [indemniθa**θjon**] 25
Schaffner el revisor [rewi**ßor**] 27, 29
Schal el chal [tschal] 66
Schallplatte el disco [**dis**ko] 61
Schalter la ventanilla [benta**ni**lja] 27, 29
Schaufenster el escaparate [eskapa**ra**te] 61
Scheck el cheque [**tsche**ke] 33, 78
Schere las tijeras [ti**che**ras] 61
Scherz la broma [**bro**ma]
Schiff el barco [**bar**ko] 31
Schild *(Verkehr)* la señal [se**njal**] 23
schlafen dormir [dor**mir**] 32
Schlafwagen el coche-cama [**ko**tsche **ka**ma] 30
schlank delgado/-a [del**ga**do/-a]
schlecht malo/-a [**ma**lo/-a]
Schließfach la consigna automática [kon**ßig**na‿auto**ma**tika] 30
Schloß el palacio [pa**la**θio] 52

Schloß *(Tür-)* la cerradura [θerra**du**ra] 34
Schlüssel la llave [**lja**we] 34, 39
Schmerz el dolor [do**lor**] 76
Schmuck las joyas [**cho**jas] 67, 69
schmutzig sucio/-a [**su**θio/-a] 34
schnell rápido/-a [**ra**pido/-a]
Schnuller el chupete [tschu**pe**te] 70, 71
schön bello/-a [**be**ljo/-a]
schrecklich terrible [te**rri**wle]
Schreibwarengeschäft la papelería [papele**ri**a] 64
schriftlich por escrito [por‿es**kri**to]
schüchtern tímido/-a [**ti**mido/-a]
Schüssel la fuente [**fuen**te] 36
Schuh el zapato [θa**pa**to) 66, 67
Schuhbänder los cordones de zapato [kor**do**nes de θa**pa**to] 66
Schuhgeschäft la zapatería [θapate**ria**] 61, 66
Schuld la culpa [**kul**pa] 79
Schwager/Schwägerin el/la cuñado/-a [ku**nja**do/-a] 13
Schwamm la esponja [es**pon**cha] 61
schwanger embarazada [embara**θa**da] 73
Schweiz Suiza [sui**θ**a] 13, 80
Schweizer Franken los francos suizos [**fran**kos sui**θ**os] 78
Schweizer/Schweizerin el/la suizo/-a [sui**θ**o/-a] 13
schwer pesado/-a [pe**ßa**do/-a]
schwer *(schwierig)* difícil [di**fi**θil]
Schwester la hermana [er**ma**na] 13
Schwimmbad la piscina [pis**θi**na] 34, 53
schwimmen nadar [na**dar**] 53
Schwimmweste el chaleco salvavidas [tscha**le**ko salwa**wi**das] 53
schwindlig mareado/-a [mare**a**do/-a] 72
See el lago [**la**go] 51
Seeigel el erizo de mar [**eri**θo de mar] 53
seekrank mareado/-a [mare**a**do/-a] 31, 73
Seide la seda [**ße**da] 66
Seife el jabón [cha**won**] 39, 71
Seite el lado [**la**do]
Seite *(Buch)* la página [**pa**china] 80
Sekunde el segundo [se**gun**do] 19
Selbstbedienung el autoservicio [autoser**wi**θio] 40, 61
Sendung la emisión [emi**ßjon**] 80
Senioren la tercera edad [ter**θ**era‿e**da**] 29, 52
Serviette la servilleta [serwi**lje**ta] 43
Sex el sexo [**se**xo]
Shorts los pantalones cortos [panta**lo**nes **kor**tos] 66
sicher seguro/-a [se**gu**ro/-a]
Sicherheitsgurt el cinturón de seguridad [θintu**ron** de seguri**da**] 26
Sicherung el fusible [fu**ßi**wle] 26
Sicht la vista [**bi**ßta] 50
Single soltero/-a [sol**te**ro/-a] 14
Situation la situación [situa**θjon**]
Sitzplatz el asiento [a**ßjen**to] 27, 57
Socken los calcetines [kalθe**ti**nes] 66
Sohn el hijo [**i**cho] 13
Sommer el verano [be**ra**no] 18
Sonderangebot la oferta especial [o**fer**ta‿espe**θjal**] 61
Sondertarif la tarifa especial [ta**ri**fa‿espe**θjal**] 31
Sonne el sol [ßol] 20
Sonnenbrille las gafas de sol [**ga**fas de ßol] 70
Sonnenschirm la sombrilla/el parasol [som**bri**lja/para**ßol**] 53
Sonntag el domingo [do**min**go] 18
Spaziergang el paseo [pa**ße**o] 49
Speisekarte la carta [**kar**ta] 41, 45
Spezialitäten las especialidades [espeθiali**da**des] 40
Spielzeug el juguete [chu**ge**te] 61
Sport el deporte [de**por**te] 15, 54
Sportplatz el campo de deportes [**kam**po de de**por**tes] 39
Sprache la lengua [**len**gua]
Spülmittel el detergente [deter**chen**te] 71
Staat el estado [es**ta**do]
Staatsangehörigkeit la nacionalidad [naθjonali**da**]
Stadt(plan) (el plano de) la ciudad [(**pla**no de) la θiu**da**] 39, 49
Stadtteil el barrio [**ba**rrio] 22
Start la salida [sa**li**da] 54
Start *(Flug)* el despegue [des**pe**ge] 30
steil escarpado [eskar**pa**do]
Stein la piedra [**pje**dra] 56
Stiefel las botas [**bo**tas] 67
Stockwerk el piso [**pi**ßo] 32

Stoff la tela [tela] 61
Strafe el castigo [kastigo]
Strafe *(Geldstrafe)* la multa [multa] 78
Strand la playa [plaja] 32, 53
Straße la calle [kalje] 22, 33
Streichhölzer las cerillas [θeriljas] 71
Strom la electricidad [elektriθida] 36, 39
Strumpfhose los leotardos [leotardos] 66
Stück la pieza [pjeθa] 64
Stuhl la silla [silja] 32, 40
Stunde la ora [ora] 19, 24
Sturm la tempestad [tempesta] 55
suchen buscar [buskar]
Süden el sur [sur] 22
Süßwaren los dulces [dulθes] 47
Summe el importe [importe] 40, 61
Supermarkt el supermercado [supermerkado] 36, 61
Sweatshirt la sudadera [sudadera] 66
Swimmingpool la piscina [pisθina] 53

T

Tabak el tabaco [tawako] 70, 71
Tabakladen el estanco [estanko] 71
Tabletten las pastillas [pastiljas] 77
Tag el día [dia] 12, 15
Tampons los tampones [tampones] 71
Tankstelle la gasolinera [gaßolinera] 24, 25
Tante la tía [tia] 13
Tanz el baile [baile] 15
tanzen bailar [bailar] 15, 60
Tasse la taza [taθa] 43
Taxi el taxi [taxi] 28, 35
Teil la parte [parte]
Telefax el telefax [telefax] 80
Telefon el teléfono [telefono] 33, 82
Telegramm el telegrama [telegrama] 80
Teller el plato [plato] 43
Temperatur la temperatura [temperatura] 20, 73
teuer caro/-a [karo/-a] 61
Theater el teatro [teatro] 51, 57
Ticket el billete [biljete] 27, 57
tief profundo/-a [profundo/-a]
Tier el animal [animal] 36
Tierarzt el veterinario [beterinario]
Tisch la mesa [meßa] 40
Tochter la hija [icha] 13
Toilette los aseos [aßeos] 31, 83
Toilettenpapier el papel higiénico [papel ichjeniko] 34, 71
Topf la olla [olja] 36
Tourist/Touristin el/la turista [turista] 21
träumen soñar [sonjar]
traurig triste [triste]
Treppe la escalera [eskalera] 42
treu fiel [fjel]
trinken beber [bewer] 15, 40
Trinkgeld la propina [propina] 83
Trinkwasser el agua *(f)* potable [agua potawle] 39
T-Shirt la camiseta [kamißeta] 66
Tür la puerta [puerta] 42
Tunnel el túnel [tunel] 22
Turm la torre [torre] 51
Turnschuhe las zapatillas de deporte [θapatiljas de deporte] 54, 66
typisch típico/-a [tipiko/-a] 69

U

Übelkeit las náuseas [naußeas] 75
übernachten pasar la noche [paßar la notsche] 32
Überraschung la sorpresa [sorpreßa]
übersetzen traducir [traduθir] 78
Ufer la orilla [orilja] 53, 56
Uhr el reloj [reloch] 67, 79
Uhrzeit la hora [ora] 17
umbuchen cambiar [kambjar] 30
Umleitung el desvío [deswio] 23
umsonst *(gratis)* gratuíto/-a [gratuito/-a]
Umweltschutz la protección del medio ambiente [protekθjon del medio‿ambjente] 56
unbekannt desconocido/-a [deskonoθido/-a]
Unfall el accidente [akθidente] 25, 27
Unglück la desgracia [desgraθia] 25, 53
unglücklich desgraciado/-a [desgraθjado/-a]
ungültig no válido [no balido] 21, 27
Unkosten los gastos [gastos]
unmöglich imposible [impoßiwle]
unruhig inquieto/-a [inkjeto/-a]
unschuldig inocente [inoθente] 25, 78
Unterhaltung el divertimiento [diwertimjento] 57, 59
Unterhemd la camiseta [kamißeta] 66

Unterhose *(Damen)* las bragas [bragas] 67
Unterhose *(Herren)* los calzoncillos [kalθonθiljos] 67
Unterkunft el alojamiento [alochamjento] 32, 38
Unterschied la diferencia [diferenθia]
Unterschrift la firma [firma] 21
Untersuchung el examen [examen] 72, 78
Unterwäsche la ropa interior [ropa‿interjor] 67
unverschämt desvergonzado/-a [deswergonθado/-a]
Urlaub las vacaciones [bakaθjones] 53
Ursache la razón [raθon] 14
Urteil el juicio [chuiθio]
Urteil *(Gericht)* la sentencia [sentenθia] 78
Urwald la selva [selwa] 56

V

Vater el padre [padre] 13
Verabredung la cita [θita] 12
Veranstaltungskalender el calendario de actos [kalendario de‿aktos] 49
verbinden *(Medizin)* vendar [bendar] 72
verboten prohibido/-a [proiwido/-a] 23
verdienen ganar [ganar]
verdorben podrido/-a [podrido/-a]
Vergangenheit el pasado [paßado]
vergessen olvidar [olwidar]
Vergewaltigung la violación [biolaθjon] 79
verheiratet casado/-a [kaßado/-a] 14
Verhütungsmittel el anticonceptivo [antikonθeptiwo] 71
Verkauf la venta [benta] 61
Verkehr el tráfico [trafiko] 23
verlängern prolongar [prolongar] 21, 32
verletzt herido/-a [erido/-a] 25
verschieden diferente [diferente]
versehentlich por descuido [por deskuido]
Versicherung el seguro [seguro] 25, 79
Vertrag el contrato [kontrato]
Verwandter/Verwandte el/la pariente [parjente] 13
verwechseln confundir [konfundir]
Verzeihung! ¡Perdón! [perdon]
Videokassette la casete de vídeo [kaßete de wideo] 68
viel mucho/-a [mutscho/-a]
vielleicht tal vez [tal weθ]
Visum el visado [bißado] 21
Volk el pueblo [puewlo]
Volksfest la fiesta popular [fjesta popular] 60
voll lleno/-a [ljeno/-a]
Vollpension la pensión completa [penßjon kompleta] 33
Vormittag la mañana [manjana] 19
Vorort el suburbio [suwurwio] 22
Vorspeise el entremés [entremeß] 45
Vorstellung el espectáculo [espektakulo] 12, 57
Vorverkauf la venta anticipada [benta‿antiθipada] 59
Vorwahl el prefijo [preficho] 82

W

Währung la moneda [moneda] 77
Wäscherei la lavandería [lawanderia] 67
wahr verdadero [berdadero]
wahrscheinlich probable [prowawle]
Wald el bosque [boske] 51
wandern hacer excursiones [aθer exkurßjones] 56
warm caliente [kaljente] 20, 40
warten esperar [esperar]
Wartezimmer la sala de espera [ßala de‿espera] 72
waschen lavar [lawar] 36, 67
Waschmittel el detergente [deterchente] 71
Wasser el agua *(f)* [agua] 36, 39
Watte el algodón [algodon] 61
wechseln cambiar [kambjar] 78, 82
Wechselstube el cambio [kambio] 34, 77
Wecker el despertador [despertador] 67
Weg el camino [kamino] 22, 56
Wegweiser el indicador de camino [indikador de kamino] 22
weich blando/-a [blando/-a]
Weihnachten Navidad [nawida] 14, 60
weinen llorar [ljorar]
weiß blanco [blanko] 20
Welle la ola [ola] 55
Welt el mundo [mundo]

wenig poco/-a [**po**ko/-a]
Werkstatt el taller [ta**ljer**] 25, 27
werktags los días laborables [los **di**as lawo**ra**wles] 18
Weste el chaleco [tscha**le**ko] 67
Westen el oeste [**o**este] 22
Wetter el tiempo [**tjem**po] 20
Wettervorhersage la previsión del tiempo [prewi**ßjon** del **tjem**po] 20
wichtig importante [impor**tan**te]
wiederholen repetir [repe**tir**]
wiederkommen volver [bol**wer**]
wiegen pesar [pe**ßar**] 19
Wildleder el ante [**an**te] 66, 69
Willkommen! ¡Bienvenido(s)! [bjenwe**ni**do(s)]
Wind el viento [**bjen**to] 20
Windeln los pañales [pa**nja**les] 70, 71
Winter el invierno [in**bjer**no] 18
Wirt el patrón [pa**tron**] 40
Woche la semana [ße**ma**na] 15, 18
wohnen vivir [bi**wir**] 32
Wohnmobil la autocaravana [autokara**wa**na] 22, 36
Wohnung el piso [**pi**ßo] 35
Wohnwagen la caravana [kara**wa**na] 36, 39
Wolle la lana [**la**na] 66
wollen querer [ke**rer**]
Wort la palabra [pa**la**wra] 80
wünschen desear [deße**ar**]
wütend furioso/-a [fur**jo**ßo/-a]

Z

Zahl el número [**nu**mero]
zahlen pagar [pa**gar**] 43, 64
Zahlen bitte! ¡La cuenta, por favor! [la **kuen**ta por fa**wor**] 43
Zahnarzt el dentista [den**ti**sta] 72, 74
Zahnbürste el cepillo de dientes [θe**pi**ljo de **djen**tes] 71
Zahnpasta la pasta dentífrica [**pa**sta den**ti**frika] 71
zeigen mostrar [mo**strar**] 49
Zeit el tiempo [**tjem**po] 17
Zeitschrift la revista [re**wi**sta] 70
Zeitung el periódico [per**jo**diko] 61, 64
Zentrum el centro [**θen**tro] 22, 28
zerbrechlich frágil [**fra**chil]
Zeuge/Zeugin el/la testigo [tes**ti**go] 27
Ziehen! ¡Tire! [**ti**re]
Ziel la meta [**me**ta] 54
Zigarette el cigarrillo [θigar**ri**ljo] 70, 71
Zimmer el cuarto [**kwar**to] 32, 33
Zoll la aduana [adu**a**na] 21, 22
zufrieden contento/-a [kon**ten**to/-a]
Zug el tren [**tren**] 29, 30
zusammen juntos/-as [**chun**tos/-as]
Zuschlag el suplemento [suple**men**to] 27, 29
zuständig responsable [respon**ßa**wle]
Zweifel la duda [**du**da]
Zwischenlandung la escala [es**ka**la] 30

Reisewörterbuch Spanisch-Deutsch

A

abierto geöffnet
a. C. (antes de Cristo) vor Christus (v. Chr.)
acceso Zufahrt
¡Adelante! Herein!
aduana Grenze, Zoll
aeropuerto Flughafen
agencia de viajes Reisebüro
agotado ausverkauft
aire acondicionado Klimaanlage
alarma Notbremse
albergue juvenil Jugendherberge
almuerzo Mittagessen
alquiler de bicicletas Fahrradverleih
alquiler de coches Autovermietung

ambulancia Notarztwagen
andén Bahnsteig
aparcamiento (vigilado) (bewachter) Parkplatz
aseos Toiletten
atasco Stau
¡Atención! Achtung!
autopista Autobahn
autoservicio Selbstbedienung
autovía Schnellstraße
AVE (Alta Velocidad Española) spanischer Hochgeschwindigkeitszug
ayuntamiento Rathaus

B

banco Bank
biblioteca Bücherei
bicicleta Fahrrad
¡Bienvenido! Willkommen!
billete Geldschein, Fahrkarte
bomberos Feuerwehr
buzón Briefkasten

C

Caballeros Herrentoilette
caja Kasse
caja de ahorros Sparkasse
caliente warm
calle Straße
callejón sin salida Sackgasse
cambio Geldwechsel
carné de identidad Personalausweis
carnicería Metzgerei
carretera Landstraße
carta Speisekarte
cartas Briefe
¡Ceda el paso! Vorfahrt beachten!
cena Abendessen
centro Zentrum
cepo Parkkralle
cerrado geschlossen
¡Cerrar la puerta! Türe schließen!
comestibles Lebensmittel(geschäft)
Compañía (Cía.) Company (Co.)
consigna Gepäckaufbewahrung
correos Post
corrida (de toros) Stierkampf
Cortes spanisches Parlament
cruce Kreuzung
cuartos Zimmer
¡Cuidado! Vorsicht!
CV (caballo de vapor) Pferdestärke (PS)

D

d. C. (después de Cristo) nach Christus (n. Chr.)
desvío Umleitung
dirección Adresse
disco de estacionamiento Parkscheibe
domingo Sonntag

E

¡Empuje! Drücken!
entrada Eingang, Eintrittskarte
entrada libre Eintritt frei
estación Bahnhof
estado civil Familienstand
estanco Tabakwarenladen
estropeado defekt
expo(sición) Ausstellung
extintor Feuerlöscher

F

festivo Feiertag
fiesta Fest
firma Unterschrift
frío kalt
fuego Feuer
fumadores Raucher

G

gasolina Benzin
giro obligatorio Kreisverkehr
gratuito gratis
grúa Abschleppwagen
Guardia Civil spanische Polizeieinheit

H

hecho a mano handgemacht
Hermanos (Hnos.) Gebrüder

I

iglesia Kirche
impuesto sobre valor añadido (IVA) Mehrwertsteuer
incluído inklusive, inbegriffen
información Auskunft, Information

L

lavabos Toiletten
lavado en seco Reinigung
lavandería Wäscherei
libre frei
librería Buchhandlung
lista de correos postlagernd
llegada Ankunft

M

mayores Erwachsene, Volljährige
miércoles Mittwoch
misa Messe (Kirche)
monedas Münzen, Kleingeld

N

No Fumadores Nichtraucher
noche Nacht

O

ocupado besetzt
oficina de turismo Touristeninformation

P

página (pag.) Seite
panadería Bäckerei
parada Haltestelle
paso de peatones Fußgängerübergang
¡Peligro de muerte! Lebensgefahr!
peluquería Friseur
pescadería Fischgeschäft
piscina Schwimmbad
plato del día Tagesgericht
playa Strand
plaza de toros Stierkampfarena
policía Polizei
¡Precaución! Vorsicht!
privado privat (kein Zutritt)
¡Prohibida la entrada! Eintritt verboten!
¡Prohibido el paso! Durchgang verboten!
¡Prohibido fumar! Rauchen verboten!
ptas. (pesetas) Peseten

R

rebajas Sonderangebote
recepción Rezeption, Anmeldung
reducción Ermäßigung
RENFE **(Red Nacional de Ferrocarriles Españoles)** spanische Eisenbahngesellschaft
residente en wohnhaft in
retraso Verspätung
RFA (República Federal de Alemania) BRD (Bundesrepublik Deutschland)

S

salida de emergencia Notausgang
se alquila zu vermieten
se vende zu verkaufen
sellos Briefmarken
Señoras Damen
sentido único Einbahnstraße
servicio incluído Service inbegriffen
servicios Toiletten
Sociedad Anónima (S. A.) Aktiengesellschaft (AG)
sin plomo bleifrei
¡Socorro! Hilfe!
sr. (señor) Herr
sra. (señora) Frau
srta. (señorita) Fräulein
supermercado Supermarkt
suplemento Zuschlag

T

tabacos Tabakwaren
TAV (Tren de Alta Velocidad) Hochgeschwindigkeitszug
Telefónica spanische Telefongesellschaft
temporada (alta) (Hoch-) Saison
tercera edad Senioren
¡Tire! Ziehen!

U

UE (Unidad Europea) Europäische Union (EU)

V

válido gültig
venta anticipada Vorverkauf
verbena Volksfest
vía Bahngleis
visita guiada Führung, Besichtigung
vuelo doméstico Inlandsflug
vuelo internacional Auslandsflug

Bildnachweis

APA Publications: 37. edition Vasco: 25, 32, 77. Pedro G. Garcia/Bildarchiv Steffens: 57. Ulla Georgi: 49. Gerold Jung: 1, 9, 12, 29 (li.), 53, 72. Markus Kirchgessner: 17 (re.), 61, 65, 69, 81, Umschlag hinten. Klaus Thiele: 17 (li.), 21, 29 (re.), 40. Jürgen Richter/Look: Umschlag (Bild). Superbild/Bernd Ducke: Umschlag (Flagge).